Lectura contemporánea de los clásicos

Carlos Bravo Regidor, Claudio López-Guerra,
Saúl López Noriega, David Peña y Rodolfo Vázquez
COORDINADORES

¿Por qué leer a Tocqueville hoy?

MONTABER

¿Por qué leer a Tocqueville hoy?

Roberto Breña
Claudio López-Guerra
Jesús Silva-Herzog Márquez

MONTABER

Colección: Lectura contemporánea de los clásicos

¿Por qué leer a Tocqueville hoy?
1.ª edición (2015), 2.ª edición (2016), Distribuciones Fontamara, SA, México,
ISBN 978-607-736-332-3
3.ª edición, octubre 2024

Edita: Montaber
Director editorial: David Soler
Brutau, 160 – 08203 Sabadell (Barcelona)
Tel. 931 429 486 – montaber@montaber.es
www.montaber.es

Impresión: Safekat, SL (Madrid)

ISBN edición impresa: 978-84-10238-62-6
ISBN edición digital: 978-84-10238-56-5
Depósito Legal: B 17273-2024

El papel empleado en este libro no ha sido blanqueado con cloro elemental (Cl_2).

Presentación

El presente libro forma parte de la colección Lectura Contemporánea de los Clásicos, cuya finalidad es analizar la obra de destacados pensadores de la filosofía jurídica y política, y releerla a partir de los retos de las sociedades actuales. De ahí que el propósito último de este proyecto sea despertar la curiosidad por los clásicos, discutir su obra e insertarla en el debate contemporáneo, siguiendo siempre la máxima de Italo Calvino: "Un clásico es un libro que nunca termina de decir lo que tiene que decir".

Esta relectura no pretende sacralizar autores ni convertir sus obras en escrituras sagradas. El objetivo, por el contrario, es hacer una revisión fresca y crítica del edificio teórico y conceptual de cada obra, sin olvidar el otro gran objetivo de la colección: atender los nuevos desafíos que enfrentan las democracias modernas y, en concreto, las asignaturas pendientes de la democracia mexicana.

Así, la dinámica detrás de este libro es simple pero enriquecedora: invitar a un conjunto de destacados académicos y plantearles un ramillete de preguntas clave. ¿Por qué leer hoy a Alexis de Tocqueville? ¿Vale la pena, al iniciar el siglo XXI, acercarse a su famosa obra *La democracia en América*? ¿Qué le puede decir este aristócrata francés a la tambaleante democracia mexicana? ¿Hay algo rescatable de la prosa de este abogado cuyos textos saltan con soltura y elegancia entre apuntes de diario, brochazos sociológicos y reflexiones filosóficas? Las respuestas a éstas y otras preguntas, por parte de Roberto Breña, Claudio López-Guerra y Jesús Silva-

Herzog Márquez, son los textos que integran este libro y que ofrecen en conjunto agudas relecturas de la obra de Alexis de Tocqueville, liberal casi inclasificable.

Roberto Breña, en este sentido, encuentra varias razones para acercarse actualmente a la obra de Tocqueville. En primer lugar, destaca su prosa. A diferencia de otras obras fundamentales de la historia de las ideas en Occidente, la prosa más clara, que fluye mejor y con mejor ritmo, es sin duda *La democracia en América*. Por otra parte, destaca esa tensión agónica entre la atracción que siente Tocqueville por la sociedad estadunidense y, al mismo tiempo, la gran repulsión que le provoca. Lo cual resulta en un ejercicio por demás crítico, plagado de síes y noes, y que redundan en una cata acertada de lo agridulce que es la sociedad democrática. Por último, Breña pone especial acento en el método de trabajo de Tocqueville. Se trata de una obra que se sostiene a partir de dos pilares: someter las ideas a los hechos y usar el espejo comparativo para aquilatar sus opiniones.

Pero tal vez lo más interesante de la relectura de Breña, es su tesis basada en que Tocqueville es nuestro contemporáneo, en buena medida, por compartir varias de nuestras preocupaciones:

> Que los ciudadanos se dejen guiar por el Estado, que la centralización alcance niveles que atenten contra la libertad individual, que los "pequeños y vulgares placeres" de personas intercambiables en todos sentidos se vuelvan predominantes en la vida en sociedad, que aumente sin medida la despreocupación en cuanto a la suerte de nuestros semejantes mientras cada quien considerado individualmente tenga resueltas sus necesidades, que la acumulación del dinero se convierta en el principio que lo arrase todo y, por último, que los ideales relacionados con la libertad individual pierdan la batalla en contra de las "pasiones igualitarias" que se desatan en las sociedades democráticas. Con base en el listado anterior, ¿cómo no considerar a Alexis de Tocqueville como nuestro contemporáneo?

Claudio López-Guerra, por su parte, estudia la obra de Tocqueville desde otra trinchera no menos interesante: desde el punto de vista de la filosofía política normativa. El texto de López-Guerra parte de que si bien nuestro aristócrata francés no se encuentra entre los clásicos de la filosofía política de nuestros días, ni es un autor de referencia obligada en tales términos, eso, más que hablar de la baja calidad de Tocqueville, habla de una de las grandes asignaturas pendientes de la agenda de la teoría política contemporánea: "Debemos recuperar la forma como Tocqueville concibió la tarea de justificar las instituciones políticas. Su obra, junto con la de John Stuart Mill, es representativa de un tipo de aproximación a la teoría política normativa que, lamentablemente, se ha perdido con el paso de los años..."

Pero, ¿qué tipo de teoría política esa ésta? Con el apoyo de autores como Jeremy Waldron y Dennis Thompson, Claudio López-Guerra considera que se trata de una "teoría política institucional" que bien se puede estudiar a partir de tres grandes gajos: en primer lugar, es necesario entender que para esclarecer los grandes principios normativos –como igualdad o justicia– es necesario pensar en serio las instituciones que podrían encarnarlos; en seguida, además de reflexionar las instituciones que dan forma a los ideales también hay que prestar atención a los argumentos que los ciudadanos ofrecen en el debate público; por último, es clave proceder a construir no grandes teorías sino enfocarse en los principios directamente relevantes para evaluar dichas instituciones. En breve:

> Aunque Tocqueville no haya sido tan sofisticado y riguroso como los filósofos clásicos, tuvo una sensibilidad inusual para concebir adecuadamente la naturaleza de la evaluación moral de las instituciones políticas. Tocqueville entendió bien que la moralidad institucional es de claroscuros, y que cualquier intento de justificación que pretenda lo contrario será defectuoso.

La lectura de Jesús Silva-Herzog Márquez, por último, se concentra en Tocqueville no como teórico del liberalismo, sino más bien como un liberal y las implicaciones que tiene este talente en su estudio de la realidad democrática.

> La vista de Tocqueville fue única porque veía con los ojos y con la intuición, con la memoria y con la imaginación. Observaba inteligentemente: percibiendo esa red que conecta el poder con la literatura, los sueños con las instituciones, los hábitos sociales con el destino de la civilización. El liberal no canceló ninguna ruta para comprender: usó las herramientas del sociólogo sin dejar de hacerse las preguntas de un filósofo; examinó archivos con el detenimiento de un historiador y se aventuró en profecías de no-

velista. Nunca lo tentó el juicio rotundo y simplificador; la idea hermética. La sutileza del ensayista resistió la trampa de lo binario. El escepticismo de Tocqueville se mece en la vacilación: lucidez del titubeo, perspicacia de la ambigüedad. Cada afirmación bordeaba sabiamente con un pero.

Se trata del liberalismo de la duda y donde uno de sus máximos exponentes es precisamente Alexis de Tocqueville. Hurgando en su biografía, Silva-Herzog va desmenuzando aspectos de la personalidad de nuestro autor para ofrecer una relectura por demás interesante: la trenza que existe entre las vicisitudes de su vida, su entender del mundo, y su entendimiento de la democracia. "El arte en la teoría política de Tocqueville se alimenta en la identificación profunda del autor con su objeto: el paisaje democrático como el autorretrato de un hombre".

Estas lecturas no son, por supuesto, las únicas que se pueden exprimir de la obra de Tocqueville. Un clásico ofrece reflexiones y balcones de estudio prácticamente infinitos. Un clásico –siendo de verdad de clásico– es inagotable. Lo cierto, sin embargo, es que estos tres inteligentes autores ofrecen sugestivos surcos para incursionar en uno de los grandes y más queridos liberales de esta colección Lectura Contemporánea de los Clásicos: Alexis de Tocqueville.

Tocqueville: actualidad e "inactualidad" de un clásico

Roberto Breña

> *Considero impía y detestable esta máxima: que en materia de gobierno la mayoría de un pueblo tiene derecho de hacerlo todo y, sin embargo, deposito en las voluntades de la mayoría el origen de todos los poderes. ¿Estoy en contradicción conmigo mismo?*
>
> ALEXIS DE TOCQUEVILLE,
> *La democracia en América*[1]

Tocqueville, nuestro contemporáneo

Son muchas y muy variadas las razones para leer *La democracia en América* de Alexis de Tocqueville. Desde mi perspectiva de

[1] *De la démocratie en Amérique*, París, Gallimard, 1986, vol. I, p. 375 (ésta y todas las demás traducciones en este ensayo son mías). Resulta interesante contrastar estas palabras de Tocqueville con las pronunciadas por John Stuart Mill ante la Cámara de los Comunes el 5 de julio de 1867: "I wish –although this may surprise some honourable Members– that the majority should govern", disponible en <http://oll.libertyfund.org/titles/262>, consulta: 7 de agosto del 2014. En relación con este tema, conviene citar lo que Tocqueville escribió a Stuart Mill en una carta personal en octubre de 1835: "Se trata, para los amigos de la democracia, menos de hallar los medios de hacer gobernar al pueblo que de hacer elegir al pueblo los más capaces de gobernar…" *Correspondencia Tocqueville-Stuart Mill*, México, FCE, 1985, p. 36.

profesor de historia de las ideas, encuentro seis motivos para hacerlo. Antes de pasar a ellos, adelanto que este ensayo no es única ni principalmente una lista de estas razones, lo que podría hacer pensar en un panegírico más a Tocqueville, sino que ha sido concebido, sobre todo, como un acercamiento crítico a algunos aspectos de su obra que espero lleven a algunos de los lectores a reflexionar sobre ciertas facetas de la obra del pensador liberal francés más importante del siglo XIX, sobre todo de *La democracia en América*, pero no exclusivamente.[2] No cabe duda que en muchos sentidos Tocqueville es nuestro contemporáneo, pero tampoco cabe duda de que, en otros aspectos, está lejos de serlo.[3]

En el libro que nos ocupa la democracia es, para Tocqueville, antes que ninguna otra cosa, la igualdad de condiciones; es decir, no es tanto un estado político (como la concibe de manera privilegiada la ciencia política en la actualidad), como un estado social. Sin embargo, la democracia para Tocqueville significa varias cosas más: un principio o dogma (la soberanía del pueblo), libertad política, poderes locales, una opinión pública con autoridad sobre el conjunto de la sociedad y el disfrute de beneficios materiales para la mayoría (de manera real, pero también potencial).[4] En todo caso, como veremos a lo largo de estas páginas, la democracia en su conjunto le causó una profunda desazón a un aristócrata francés, que era también un liberal, que visitó América del Norte, incluyendo Canadá, acompañado por su amigo Gustave de Beaumont entre

---

[2] A este respecto es importante mencionar que la versión más utilizada en México (y supongo que en muchos otros países de América Latina) de *La democracia en América* es la del Fondo de Cultura Económica. Desafortunadamente, tiene una cantidad importante de errores y omisiones que no son sólo de tipo editorial. La mejor opción en español que existe actualmente es la que editó y tradujo Eduardo Nolla para la editorial española Trotta en 2010. Nolla es el editor de la magnífica edición bilingüe que el *Liberty Fund* publicó ese mismo año en cuatro volúmenes; la versión en inglés, con una nueva traducción a cargo de James T. Schleifer, disponible en <http://oll.libertyfund.org/titles/2284>.

[3] En la introducción de un sugerente libro sobre el pensamiento de Tocqueville, el filósofo político francés Lucien Jaume llama la atención sobre las exageraciones que proliferaron durante 2005, en el contexto del bicentenario del nacimiento de nuestro autor, respecto a una expresión que se convirtió en una especie de muletilla: "¡Tocqueville, nuestro contemporáneo!" *Tocqueville: Les sources aristocratiques de la liberté*, París, Fayard, 2008, p. 17.

[4] La lista podría ampliarse, pues, como lo han señalado varios estudiosos de *La democracia en América*, en el libro es posible encontrar más de una decena de acepciones. Mencioné las que a mí me parecen más importantes.

mayo de 1831 y febrero de 1832.[5] Ahora bien, si la desazón de Tocqueville era de la magnitud señalada, era porque para él la sociedad estadounidense no era más que el primer paso de una evolución que ya era claramente perceptible en Francia y en otros países europeos, pero que, en su opinión, terminaría imponiéndose ineluctablemente en todo el mundo. En cualquier caso, como lo planteó en la advertencia a la doceava edición, si Francia debía voltear hacia Estados Unidos, no era para copiar servilmente sus instituciones, sino para comprender cuáles eran las que le convenían. Es en esa misma advertencia que Tocqueville se pronuncia por una república francesa "tranquila", "regular", "pacífica", "liberal" y respetuosa de "los derechos sagrados de la propiedad y la familia".[6]

El primer motivo para leer a Tocqueville puede ser considerado secundario por algunos, pero a mí me parece un argumento de mucho peso: entre los diez o doce textos que conforman lo que podemos denominar el "canon" de la historia de las ideas en Occidente (suponiendo que dicho "canon" exista), sin duda el texto de lectura más placentera es *La democracia en América*. La claridad de la prosa, la manera en que ésta fluye, la disposición de la obra, su ritmo y la enorme cantidad de ideas, imágenes y ejemplos sugerentes que contiene hacen de este libro un verdadero deleite. Esto lo pensé desde la primera vez que, hace ya muchos años, leí los dos volúmenes en los que está dividida la obra.[7]

---

[5] Las cartas, conversaciones, observaciones y notas de viaje de Tocqueville sobre las dos semanas que pasó en Canadá están reunidas en el libro *Regards sur le Bas-Canada*, Claude Corbo (ed.), Quebec, Typo Essais, 2003. Para los lectores mexicanos, cabe apuntar que en una nota de enero de 1832, Tocqueville hace una comparación de Estados Unidos con México y con el Canadá francés en la que, al igual que en sus fugaces apariciones en *La democracia en América*, nuestro país no sale muy airoso. Véase *ibid.*, pp. 229-231.

[6] Esta advertencia está incluida en la edición de Gallimard referida en la nota 1, que será la que utilizaré a lo largo de este ensayo (pp. 33-35; los entrecomillados son de la p. 34). Por cierto, los términos empleados por Tocqueville para definir a la república que quiere para Francia dicen mucho de sus principales preocupaciones respecto a la historia política de su país y dice mucho también sobre su liberalismo. Al respecto, como lo señala Eduardo Nolla, además de "liberal" (a secas), Tocqueville ha sido llamado "conservador", "conservador liberal", "liberal conservador", "liberal aristocrático", etc.; sobre esta cuestión, véase el apartado "To Understand the Revolution" de su extensa y documentada introducción a la edición de *Democracy in America* referida en la nota 2 (pp. cvi-cxvi).

[7] Un detalle: el título del libro en francés es *De la démocratie en Amérique*, sin embargo, en español siempre se ha traducido como *La democracia en América*. El primer volumen fue publicado en 1835 y el segundo en 1840.

Un segundo motivo es lo que yo denominaría la "tensión agónica" que recorre todo el libro. Esta tensión se deriva, antes quizá que de cualquier otro elemento, de esa enorme atracción que ejerce la sociedad estadounidense sobre Tocqueville y, al mismo tiempo, de la gran repulsión que le provoca. En cuanto a la primera, él está convencido de que la democracia "difunde en todo el cuerpo social [estadounidense] una actividad inquieta, una fuerza superabundante, una energía que no existe sin la democracia y que, con poco que las circunstancias sean favorables, pueden prohijar maravillas".[8] En cuanto a la repulsión, las citas que podría dar son incontables, pero, por lo pronto, basten las cuatro siguientes para dar una idea de lo que quiero decir (no se olvide que las escribe un aristócrata cuyas familias paterna y materna padecieron en carne propia la Revolución de 1789): "Lo que más me repugna en América no es la libertad extrema que ahí prevalece, sino la escasa garantía que existe contra la tiranía [de la mayoría]". La segunda: "No conozco un país donde reine, en general, menos independencia de espíritu y menos libertad de verdadera discusión que en América". La tercera: "No hay nada menos propicio a la meditación que el interior de una sociedad democrática". La cuarta y última: "El espectáculo de esta uniformidad [la que provoca la democracia] es algo que me entristece y me hiela y me siento tentado a echar de menos la sociedad que ya no existe".[9] En relación con el segundo motivo para leer *La democracia en América*, cabe decir que Tocqueville siempre le dio mucha importancia a la supuesta "imparcialidad" que se impuso a sí mismo al redactar el libro e hizo referencia en más de un ocasión a las dificultades que esta decisión entrañó. Entendida como un esfuerzo por mantenerse alejado de los panegíricos y las detracciones respecto a la democracia (tan comunes en su época como en la nuestra), no cabe duda que cumplió su cometido; de aquí justamente esa tensión agónica que recorre la obra y que, en mi opinión, le proporciona una de sus más grandes cualidades.

Creo que entre los "grandes libros" de la historia de las ideas no existe un texto que presente tal cantidad de matices, contrastes,

[8] *De la démocratie en Amérique*, vol. I, p. 367.

[9] Las primeras dos citas son del primer volumen (pp. 378 y 381); las dos últimas del segundo (pp. 63 y 453).

aclaraciones y contra-argumentos como *La democracia en América*. De hecho, ésta podría ser una razón más para reforzar mi primer punto. En todo caso, uno de los aspectos que aumentan el atractivo del libro es ese ir y venir entre observaciones agudas, matizaciones pertinentes y contrapropuestas atinadas. Se podría decir que, en términos intelectuales, Tocqueville es "el hombre de ninguna parte", pues cuando parece que nos está llevando hacia un lugar, nos aleja del mismo o, por lo menos, nos da motivos para no querer llegar. Es esta "indecisión" la que explica en buena medida el hecho de que Tocqueville no se sintiera cómodo en ningún grupo político y la que explica también, hasta donde alcanzo a ver, su fracaso como político. En cualquier caso, el "vaivén" mencionado nos muestra a un hombre con una enorme curiosidad y una notable conciencia histórica, con una mirada muy alerta y muy aguda, con un interés genuino en lo que observa y con un deseo por comprender y por explicar todo de manera exhaustiva (lo que tiene frente a sí, pero también lo que no se manifiesta al observador común). El resultado final, para seguir con el símil de la observación, está a la vista para todo aquel que, en una época tan poco proclive a los esfuerzos sostenidos como la nuestra, se tome el tiempo de leer *La democracia en América*.

Buena parte del atractivo de este libro está en otros dos aspectos que están relacionados con el anterior. Me refiero en primer lugar a la "metodología" tocquevilliana y, en segundo, a su enfoque comparativo. En cuanto a la primera, me refiero a un aspecto que el propio Tocqueville menciona en la parte final de la introducción al primer volumen: el esfuerzo permanente de no dejar que las ideas determinen los hechos, sino al revés: "Someter las ideas a los hechos".[10] Este es un principio que puede sonar un poco extraño si tenemos en cuenta que Tocqueville es, sobre todo quizá, un filósofo político. Sin embargo, aquí está en parte la explicación de los dos primeros motivos que mencioné: Tocqueville es un pensador polí-

[10] *Ibid.*, vol. I, p. 52. En el volumen II, p. 54, Tocqueville relata una conversación con un marino estadounidense y plantea lo que extrae de dicha conversación. Este pasaje podría hacernos pensar que el método planteado en el primer volumen se ha modificado notablemente (si es que no se ha invertido): ahora son las ideas generales las que más importan, pues son ellas las que explican y le dan sentido a los hechos particulares.

tico que tiene mucho de filósofo y mucho de sociólogo. Esta rara combinación, aunada a la prosa ya referida, explica en gran medida el éxito de *La democracia en América*. Pero volvamos a la primacía de los hechos sobre las ideas. Paradójicamente, si Tocqueville no hubiera cumplido con este postulado, el libro no sería el clásico que es en la actualidad. Es indiscutible que el primer volumen está más apegado a los "hechos", por decirlo así, que el segundo, y es cierto también que desde la perspectiva de la historia de las ideas es este segundo volumen el que goza de mayor predicamento (en parte, debo añadir, porque como lo dijo el propio Tocqueville en ese volumen los hechos se subordinan a los "rasgos generales de las sociedades democráticas").[11] No obstante, el ir y venir entre hechos e ideas se mantiene a todo lo largo de la obra. Para los sociólogos seguramente el primer volumen resultará más interesante, no así para los teóricos políticos, a quienes les puede resultar demasiado descriptivo. En todo caso, en cualquier listado de por qué *La democracia en América* es un clásico, este ir y venir entre hechos e ideas es un elemento que, desde mi punto de vista y por decirlo en la lengua de nuestro autor, resulta *incontournable* (inevitable, imprescindible).

En cuanto al método comparativo, lo incluyo no solamente porque es un elemento más que contribuye a explicar la calidad y el predicamento del libro, sino porque, si bien a otro nivel, está también presente en el otro gran libro de Tocqueville, *El Antiguo Régimen y la revolución*. En el caso de *La democracia en América*, la comparación evidente es entre la democracia estadounidense y la francesa (aunque, como ya sugerí, las implicaciones de esta comparación van mucho más allá). Dicho de otro modo, en Estados Unidos nuestro aristócrata ve mucho más que Estados Unidos. Si a Tocqueville le interesa como lo hace este país es porque en él se condensa "una imagen de la democracia misma, de sus inclinaciones, de su carácter, de sus prejuicios, de sus pasiones".[12] Ya volveré a la cuestión de la democracia y con ella del liberalismo (o, dicho

[11] Al respecto, véase la carta que Tocqueville dirigió a Stuart Mill en octubre de 1840, en *Correspondencia Tocqueville-Stuart Mill*, las palabras entrecomilladas son de la p. 100.

[12] *De la démocratie en Amérique*, p. 51. Inclinaciones, carácter, prejuicios y pasiones que desfilan a todo lo largo de *La democracia en América*.

de otro modo, a las tensiones entre ambas ideologías); baste por lo pronto con lo dicho sobre el método comparativo como una cualidad más del libro.[13]

Existen, me parece, otros dos motivos más detrás del hecho de que *La democracia en América* sea un clásico. El primero es incontrovertible: a pesar de haber sido publicada en la tercera década del siglo XIX, las causas que están detrás de la desazón que le causa la democracia a Tocqueville siguen vigentes. Más adelante me referiré a su "aristocratismo" y a la medida en que éste contribuye a explicar esa "inactualidad" del personaje a la que hago referencia en el título de este ensayo. Por ahora, menciono algunas de las preocupaciones de nuestro autor respecto a la democracia de su tiempo que pueden trasladarse, *mutatis mutandis* por supuesto, a la nuestra.[14] Entre ellas, destaco seis (sobra decir que algunas son más o menos pertinentes dependiendo de la sociedad actual que tengamos en mente): que los ciudadanos se dejen guiar por el Estado, que la centralización alcance niveles que atenten contra la libertad individual, que los "pequeños y vulgares placeres" de personas intercambiables en todos sentidos se vuelvan predominantes en la vida en sociedad, que aumente sin medida la despreocupación en cuanto a la suerte de nuestros semejantes mientras cada quien considerado individualmente tenga resueltas sus necesidades, que la acumulación del dinero se convierta en el principio que lo arrase todo y, por último, que los ideales relacionados con la libertad individual pierdan la batalla en contra de las "pasiones igualitarias" que se desatan en las sociedades democráticas. Con base en el listado anterior, ¿cómo no considerar a Alexis de Tocqueville como nuestro contemporáneo?

Otro aspecto que contribuye a hacer de *La democracia en América* un clásico y que nos da más razones para leerlo hoy es la enorme cantidad de predicciones que su autor acertó. Entre ellas, destaca la multicitada predicción que aparece en la conclusión del

---

[13] La cual, además, lo hace más atractivo y más actual: en la ciencia política y en la historiografía contemporáneas, el método comparativo es cada vez más utilizado y, en mi opinión, resulta cada vez más iluminador.

[14] Ahora bien, lo que sentía Tocqueville respecto a la democracia que observaba en Estados Unidos era algo bastante más intenso que simples "preocupaciones". Al respecto, no es casual que en la introducción se refiera a una especie de "terror religioso" bajo el cual redactó su obra (*ibid.*, p. 42).

primer volumen sobre Estados Unidos y Rusia como los dos países que, "por un designio secreto de la Providencia", tendrían en el futuro el destino del mundo en sus manos.[15] Ahora bien, el listado que proporcioné en el párrafo anterior sobre la actualidad de las problemáticas tocquevillianas no hubiera sido posible si en muchas otras partes del libro no encontráramos predicciones que, si bien no de manera tan evidente, también pueden considerarse acertadas. De hecho, esta presciencia de Tocqueville es perceptible respecto a cuestiones que podrían considerarse menores si no fuera porque forman parte integral de ese enorme mosaico social que pone ante nuestros ojos en la obra que nos ocupa. Ahora bien, es cierto que nuestro autor también erró predicciones en aspectos que están lejos de ser menores. De un par de ellas me ocuparé en la segunda parte de este ensayo.

Imposible terminar esta primera parte sin hacer referencia a las dos grandes ideologías políticas que subyacen las preocupaciones y el análisis de Tocqueville en *La democracia en América*. La primera está incluida en el título; la segunda es el liberalismo.[16] Uno de los aspectos que llamaron mi atención después de leer el libro, fue saber que había sido muy bien recibido tanto en Francia como en Estados Unidos (me refiero al primer volumen, pues la recepción del segundo fue menos calurosa en ambos países). Mi sorpresa, respecto a la recepción norteamericana, se debe a un hecho que no sorprenderá a nadie que haya leído el primer volumen con mediana atención: se trata de un libro muy crítico de la sociedad estadounidense (aunque no tanto como el segundo volumen, pero eso no nos interesa ahora). Entre los muchos aspectos negativos que Tocqueville señala en repetidas ocasiones respecto a la sociedad estadounidense en ese primer volumen, destaco los siguientes: su fijación con el bienestar material, su falta de capacidad reflexiva, su preocupación obsesiva por el dinero, su utilitarismo, su individualismo y, por último, la uniformidad que prevalece en ella y que le resulta asfixiante a nuestro autor (tanto en términos espirituales como inte-

[15] *Ibid.*, p. 598. Cabe apuntar que para Tocqueville nada amenazaba tanto el futuro de Estados Unidos como la presencia de los "negros" en su territorio (al respecto, véase el tercer apartado del capítulo x del volumen ii).

[16] El vocablo "liberal", por cierto, apenas aparece en el libro; en mi lectura, me topé con él sólo en tres ocasiones (vol. i, p. 352; vol. ii, pp. 430 y 438).

lectuales). Cabe enfatizar que la obsesión con el bienestar material y el "amor por el dinero" son dos temas que podrían considerarse omnipresentes en el libro que nos ocupa.[17] Al respecto, vale la pena hacer una cita de cierta extensión:

> Encontramos cotidianamente el amor por las riquezas, ya sea como algo principal o accesorio, en el fondo de las acciones de los americanos; esto proporciona a todas sus pasiones un aire de familia que no tarda en hacer cansino el retrato [de la sociedad estadounidense]. Este regreso perpetuo a la misma pasión resulta monótono; los procedimientos particulares que esta pasión emplea para satisfacerse también lo son.[18]

Lo anterior no obsta para que Tocqueville considere que el objetivo principal de un buen gobierno es producir el bienestar (*bien-être*) de los pueblos.[19] Aquí tenemos una razón de muchísimo peso para explicar el enorme atractivo que ejerció el gobierno y la sociedad estadounidenses sobre nuestro autor. Muy "tocquevillianamente", aquí tenemos también buena parte de la repulsa que esta misma sociedad le provoca, pues el deseo de bienestar material ejerce lo que él considera un poder excesivo sobre las acciones políticas y sobre las opiniones, "que no deberían de estar sometidas más que a la razón". Además, este gusto por los goces materiales es la que provoca esa desazón permanente que manifiestan los estadounidenses, así como la inconstancia que los caracteriza. Para cerrar este vaivén de nuestro autor, cabe apuntar que unas cuantas páginas después de haber expresado lo anterior, afirma que la pasión de los estadounidenses por el bienestar se mezcla de tal manera con su pasión por la libertad que resulta muy difícil distinguirlas.[20]

La obsesión crematística de los estadounidenses es la que explica que en algún momento Tocqueville se refiera los estadounidenses como "una asociación casi exclusivamente industrial y comerciante" cuyo objetivo principal es explotar el inmenso país en el que viven. De hecho, afirma nuestro autor, ésta es la característica

[17] Respecto al bienestar material y sus variantes, véase, por ejemplo, las pp. 101, 423 y 595 del volumen I y las pp. 191 y 315 del volumen II.

[18] *De la démocratie en Amérique*, vol. II, p. 315.

[19] *Ibid.*, vol. I, p. 156 (nota 51).

[20] Las referencias de las últimas tres oraciones son *ibid.*, vol. I, p. 423, *ibid.*, vol. II, p. 191 e *ibid.*, vol. II, p. 198.

que más distingue a los estadounidenses de todos los demás pueblos del orbe.[21] En buena lógica, el comercio ocupa un lugar muy importante en el libro: "En las democracias, no hay nada más grande ni más brillante que el comercio..."[22] Al mismo tiempo, este amor obsesivo por el comercio que sienten los estadounidenses explica su escasa proclividad por las revoluciones, pues, en la mente de Tocqueville, el afán comercial y el afán revolucionario se ubican en las antípodas: "Yo no conozco nada que se contraponga más a las costumbres revolucionarias que las costumbres comerciales".[23]

Es cierto, por supuesto, que hay una cantidad notable de aspectos de la sociedad estadounidense que Tocqueville admira, pero si tuviéramos que hacer un balance, me parece que éste se inclinaría del lado negativo. En todo caso, lo que más le interesaba a nuestro autor y lo que más me interesa a mí en esta parte del presente ensayo es la democracia. Pero no por su funcionamiento en aquel momento en un determinado país, sino, insisto, por lo que dicho funcionamiento revelaba sobre la democracia en términos generales y, sobre todo quizá, por lo que revelaba sobre la "democracia del futuro". Es necesario detenerse en este punto para enseguida pasar a "la cuestión del liberalismo" y cerrar así esta primera parte.

Más allá de las cualidades de *La democracia en América* que he mencionado hasta aquí, este libro no ocuparía el lugar que ocupa en la historia intelectual de Occidente si, por un lado, la democracia no se hubiera convertido en el régimen político predominante en el mundo contemporáneo y, por otro, si Estados Unidos no se hubiera convertido en la mayor potencia mundial (económica hasta hace poco y militar hasta la fecha). Tenemos entonces que mucho tiempo antes de que se reunieran ambas condiciones un pensador político decidió escribir, después de un viaje de casi nueve meses y medio por América del Norte, más de mil páginas en las que no sólo describe con detalle la sociedad estadounidense, sino que, mu-

[21] *Ibid.*, vol. II, p. 324.

[22] *Ibid.*, vol. II, p. 217.

[23] *Ibid.*, vol. II, p. 349. Los ecos de Montesquieu son aquí fácilmente perceptibles; mucho más cerca de Tocqueville, lo mismo se puede decir de Constant, el otro gran pensador liberal francés del siglo XIX (aunque la mayor parte de su vida pertenece, en términos cronológicos, al siglo XVIII).

cho más importante, intenta adentrarse en ella, entenderla, explicarla y hasta leer en ella lo que el futuro le deparaba.[24] Al mismo tiempo, un teórico de la política, como lo era Tocqueville, pretendía dar cuenta de lo que a él le parecía el fenómeno sociopolítico más importante de su época y, sobre todo quizá, con mayor carga de futuro para la humanidad: la democracia. Una carga que se basa, sobre todo como ya lo apunté, aunque no exclusivamente, en la igualdad de condiciones. Este es el aspecto que más que ninguna otra cosa, impresionó a nuestro autor a partir de su llegada a suelo estadounidense.[25]

Dicha igualdad es propia de Estados Unidos, pero como Tocqueville explica en la introducción del libro, tiene una larga trayectoria también en Europa. Concretamente en Francia, nuestro autor piensa que desde hacía setecientos años todos los grandes acontecimientos que habían tenido lugar ahí iban en el sentido de beneficiar y profundizar a la igualdad. El desarrollo gradual de la igualdad de condiciones es entonces un hecho providencial que, por tanto, escapa al poder humano; "todos los acontecimientos, como todos los hombres, sirven a su desarrollo".[26] Estamos pues ante un fenómeno social que no era universal en aquel momento histórico, pero que llegaría a serlo. Una vez más, Tocqueville no se equivocaba. Es en este sentido, creo, que hay que entender el final de la introducción del primer volumen, cuando afirma que él se diferencia de los partidos (políticos o de otra índole), en el sentido de que ellos se ocupan del mañana, mientras que él tiene en mente el porvenir.[27]

La magnitud del cambio sociopolítico que está teniendo lugar requiere, para Tocqueville, de una nueva ciencia política, que nos permita entender el mundo nuevo que está surgiendo en ese momento y que encuentra, en Estados Unidos, el caldo de cultivo más propicio para desarrollarse sin las cortapisas que había encontrado

[24] En este esfuerzo llama la atención, por lo menos a quien esto escribe, la escasa atención que prestó Tocqueville a la educación; sobre todo si tenemos en mente la importancia que, como veremos, adjudica a las costumbres.

[25] El desembarco tuvo lugar en Nueva York el 11 de mayo de 1831. Tocqueville y Beaumont abandonarían Estados Unidos el 20 de febrero de 1832.

[26] *De la démocratie en Amérique*, p. 41. De aquí se desprende también, por cierto, el "terror religioso" al que me referí más atrás (nota 14).

[27] *Ibid.*, vol. I, p. 54.

en otros lugares y otros tiempos. Es decir, un mundo nuevo está surgiendo en Estados Unidos de la tercera década del siglo XIX. Afortunadamente para nosotros, ahí estaba un aristócrata francés con preocupaciones liberales para retratarnos detalladamente dicho parto, para anunciarnos que ahí estaba el mundo del futuro y, finalmente, para advertirnos sobre la enorme cantidad de peligros que ese parto encerraba para el hombre.

Nos topamos aquí con un elemento crucial de la *Weltanschauung* tocqueviliana: la destrucción de la sociedad aristocrática está cargada de malos presagios, no sólo para Estados Unidos, sino también para Francia, y quizá con mayor razón en este segundo caso, pues en ningún otro país de Europa la revolución social estudiada por nuestro autor ha avanzado de modo más veloz. En la introducción de *La democracia en América* Tocqueville es muy claro a este respecto: en Francia a la democracia se le ha abandonado a sus "instintos salvajes" y esto tendrá costos muy elevados. Empleando las palabras que Tocqueville utiliza en una carta a Silvestre de Sacy, redactada en octubre de 1840, el nuevo Estado social democrático produce bienes muy grandes, pero también "tendencias muy temibles"; entre ellas, el rebajamiento indefinido de la inteligencia, el materialismo de las costumbres y la servidumbre universal. "Mi objetivo al escribir el libro –añade en dicha misiva– fue mostrar estas inclinaciones temibles que se abren a los pies de nuestros contemporáneos..."[28]

En el futuro, nos dice Tocqueville, la nación francesa será menos brillante, menos gloriosa, menos fuerte quizá, pero la mayoría de los ciudadanos gozarán de una prosperidad desconocida hasta entonces. Los franceses han abandonado las ventajas del viejo sistema, pero no han adquirido todavía las ventajas del nuevo; "hemos destruido una sociedad aristocrática y, deteniéndonos complacientemente en medio de las ruinas del viejo edificio, parece que

[28] La carta se puede leer en *Tocqueville: Les sources*... de Lucien Jaume, pp. 448-450 (las dos citas referidas aparecen en las pp. 448 y 449). Cabe añadir que al final de esta carta, en la que se lamenta que el libro no haya sido comprendido por sus contemporáneos, Tocqueville sugiere que la redacción de *La democracia en América* fue, antes que cualquier otra cosa, "un acto de coraje y de honestidad" (*ibid.*, p. 450).

queremos inmovilizarnos ahí para siempre".[29] Lo que sucede en el ámbito intelectual le parece igualmente deplorable, tanto en Francia como en Estados Unidos. En otra de sus expresivas oraciones, escribe: "Busco en vano entre mis recuerdos y no encuentro nada que merezca provocar más dolor y más piedad que lo que está sucediendo ante nuestros ojos..."[30] No es ninguna casualidad que casi inmediatamente después de haber expresado lo anterior, Tocqueville escribe que la libertad humana es "la fuente de toda grandeza moral". Para él, no hay duda de que la igualdad lleva a la independencia, pero también, aunque por un camino "más largo, más secreto, pero más inevitable, hacia la servidumbre"; una servidumbre que entrañaba nada menos que el descenso gradual del hombre hasta llevarlo "por debajo del nivel de la humanidad".[31] Difícilmente se puede decir más en tan pocas palabras sobre los peligros que entraña la igualdad para el futuro del hombre. Ahora bien, si, efectivamente, la democracia trae consigo desventajas de la magnitud y profundidad que Tocqueville plantea en *La democracia en América*, ¿qué hacer?

Llegamos así al tema con el que cerraré esta primera parte: el liberalismo de Alexis de Tocqueville. Si Tocqueville es un liberal, lo es antes que nada porque, ante lo que podemos denominar la "acometida democrática" que percibe en algunas sociedades de su tiempo, la defensa de la libertad individual se convierte en la salvaguarda más importante. El crecimiento desmedido del Estado, la tendencia a la centralización y la vocación por la servidumbre que existe en las sociedades democráticas tienen algunos antídotos

---

[29] *De la démocratie en Amérique*, vol. I, p. 47.

[30] *Idem.* Este "pesimismo" tocquevilliano respecto a la democracia y la igualdad alcanzará cuotas aún más altas en los últimos tres capítulos del volumen II de *La democracia en América*; me referiré a esta parte final en las últimas líneas del presente ensayo. En general, el volumen II parece haber dejado en un segundo plano el deslumbramiento que sintió Tocqueville respecto al dinamismo de la sociedad estadounidense, que es claramente perceptible a todo lo largo del primer volumen. Este deslumbramiento no desaparece del todo en el segundo, pero cede un espacio creciente al avance del despotismo que, desde la perspectiva de Tocqueville, trae indefectiblemente consigo el avance del individualismo y de la igualdad de condiciones.

[31] *Ibid.*, vol. II, pp. 396 y 437. En la p. 104 del primer volumen Tocqueville afirma que los estadounidenses prefieren la igualdad en la servidumbre que la desigualdad en la libertad. Esta idea se repite en el volumen II, pp. 141-142.

(si bien de una efectividad relativa): básicamente, la libertad individual, los derechos que deben acompañarla y las libertades locales.[32] Ahora bien, debemos distinguir, junto con Tocqueville, entre el "espíritu de libertad" que anima a las sociedades de su época y las preocupaciones liberales que animan a nuestro autor.[33] De hecho, si no se le impone algún tipo de freno al espíritu de libertad de la democracia, ésta derivará casi inevitablemente en un nuevo tipo de *despotismo*, en un nuevo tipo de *tiranía*, la de la mayoría. El nuevo despotismo será tan distinto de los anteriores que Tocqueville afirma que se debe buscar un término nuevo para definirlo. En cualquier caso, ¿en qué está pensando nuestro autor cuando plantea la necesidad de un nuevo vocablo? Creo que un párrafo del capítulo VI de la cuarta parte del segundo volumen nos da buena parte de la respuesta (la cita es un poco larga, pero vale la pena):

> Quiero imaginar bajo qué características nuevas podría producirse el despotismo en el mundo: veo a una multitud incontable de hombres parecidos e iguales que giran sin reposo sobre ellos mismos para procurarse pequeños y vulgares placeres, los cuales llenan su alma. Cada uno de ellos, retirado del resto, es como un extranjero al destino de todos los demás; sus hijos y sus amigos particulares son para él toda la especie humana. En cuanto a sus conciudadanos, él está a su lado, pero no los ve, no los toca y no los siente. Él solamente existe en sí mismo y para él mismo y, en caso de tener una familia, podría decirse por lo menos que ya no tiene patria.[34]

El despotismo es una amenaza cuya peligrosidad depende en buena medida de un aspecto de la sociedad estadounidense del que Tocqueville se ocupa en los primeros capítulos de la segunda parte del segundo volumen: el individualismo. Se trata de un sentimiento que lleva a los ciudadanos a encerrarse en sí mismos y a desentenderse de la sociedad (salvo de su familia y sus amigos). Éste es un sentimiento que ha surgido con la democracia y que se desarrolla

[32] Del último elemento se desprende la importancia de un aspecto de la sociedad estadounidense, sobre el cual hasta aquí no he dicho prácticamente nada: las comunas (*townships* en inglés). El sistema comunal es descrito con detalle y muy elogiado por Tocqueville en el primer volumen. Es en las comunas en donde, en sus palabras, "reside la fuerza de los pueblos libres". *Ibid.*, vol. I, p. 112.

[33] Véase *ibid.*, vol. II, p. 430.

[34] *Ibid.*, vol. II, p. 434.

con ella. En última instancia, nos dice Tocqueville, el individualismo separa a los hombres de sus semejantes y termina llevando a cada uno de ellos a encerrarse por completo "en la soledad de su propio corazón".[35] Es esta separación entre los hombres la que fomenta el despotismo tal como lo entiende Tocqueville; este aislamiento, además, funciona como caldo de cultivo para el desarrollo de ese mismo despotismo. Además, el individualismo provoca que la indiferencia entre los hombres se convierta en una "virtud pública", lo que hace que el despotismo sea algo particularmente temible en la era democrática. Ahora bien, no obstante el enorme potencial disruptivo del individualismo para la vida social, nuestro autor piensa que puede ser combatido mediante la libertad individual; de hecho, en un momento dado Tocqueville deja de lado ese "pesimismo" que predomina en el segundo volumen y afirma que los estadounidenses "lo han vencido".[36]

En esta misma línea, cabe insistir que el diagnóstico negativo que se desprende de los párrafos precedentes no significa que Tocqueville piense que todo esté perdido. Los males que trae consigo la sociedad democrática pueden ser combatidos por la libertad, la libertad individual y la libertad política. Tenemos así que el liberalismo es, sin duda, una de las piedras de toque del pensamiento tocquevilliano tal como éste se expresa y se desarrolla en *La democracia en América.* En algún momento, en el segundo volumen, nuestro autor es explícito en el sentido de que su objetivo principal al escribir el libro fue combatir las inclinaciones negativas que contiene la democracia.[37] Más allá del lugar fundamental que ocupa la libertad en el pensamiento de Tocqueville, los medios concretos para contrarrestar dichas inclinaciones son muchos y muy variados: ya mencioné a los gobiernos locales, pero a ellos hay que agregar las asociaciones civiles y políticas, el jurado popular (en realidad, el poder judicial en su conjunto y lo que él denomina el "espíritu legista"), la libertad de prensa y, *last but not least*, el fortaleci-

---

[35] *Ibid.*, vol. II, p. 145.

[36] *Ibid.* vol, II, p. 150.

[37] *Ibid.*, vol. II, p. 403. Más adelante Tocqueville insiste sobre los "formidables" peligros que entraña la democracia, pero añade: "Sin embargo, yo no creo que sean insuperables". *Ibid.*, p. 449.

miento de las convicciones religiosas.[38] Todos estos elementos se pueden resumir en ese "aspecto" de la sociedad estadounidense que Tocqueville considera crucial a lo largo de todo el libro: las *costumbres* (mucho más importantes para él que las condiciones físicas e incluso que las leyes). A tal grado esto es así, que en algún momento Tocqueville afirma que si no ha logrado transmitir a los lectores la importancia decisiva de las costumbres para explicar la democracia estadounidense y para mostrar el peso que éstas tienen sobre el cumplimiento de las leyes, entonces había fallado en lo que consideraba su "objetivo principal" al escribir el libro.[39] Si los elementos mencionados son suficientes para mantener la democracia dentro de los márgenes que Tocqueville piensa que debe mantenerse es una cuestión abierta. En todo caso, su liberalismo queda una vez más de manifiesto cuando refiere lo que él considera son las cuatro principales obligaciones de todo legislador en los tiempos por venir: limitar el poder de la sociedad, garantizar los derechos de los particulares, conservar la poca independencia que le queda al individuo y, por último, defenderlo frente a los embates de la sociedad.[40]

Lo dicho anteriormente sobre el liberalismo de nuestro autor no significa que su liberalismo no merezca análisis más críticos de los que proliferan en la actualidad. No es ninguna casualidad que, en la famosa carta a Eugène Stöffels de 1836, Tocqueville se lamente de no ser reconocido como un liberal "de una nueva especie". No lo fue en su tiempo y si en la actualidad lo es sin cortapisas me parece que con frecuencia es haciendo abstracción de algunos aspectos de

---

[38] Respecto al primer elemento mencionado, no me he detenido en las asociaciones civiles estadounidenses, pero baste la siguiente cita para dar una idea de la magnitud de su importancia para Tocqueville: "No hay nada, desde mi punto de vista, que merezca que le dediquemos mayor atención que las sociedades intelectuales y morales de América". *Ibid.*, vol. II, p. 159. Por su parte, como el propio Tocqueville señala un poco más adelante, las asociaciones políticas desarrollan y perfeccionan a las asociaciones civiles. *Ibid.*, pp. 166-167.

[39] *Ibid.*, vol. I, pp. 455-456. En el capítulo anterior, había escrito lo siguiente: "Las leyes son siempre vacilantes en la medida en que no se apoyen sobre las costumbres; las costumbres forman el único poder resistente y durable de un pueblo". *Ibid.*, p. 406. Por otro lado, a estas alturas los lectores atentos se han dado cuenta de que Tocqueville tenía varios "objetivos principales" al redactar su libro.

[40] *Ibid.*, vol. I, p. 448. Cabe apuntar que la principal preocupación de Tocqueville aquí es la sociedad, no el Estado.

un pensamiento que, como ha mostrado Lucien Jaume en un libro ya citado, abreva con fruición de autores conservadores coetáneos como Lamennais y Chateaubriand.[41] Esta veta conservadora y el aristocratismo del que me ocuparé en la segunda parte de este ensayo debieran hacernos reflexionar sobre algunos aspectos del liberalismo de nuestro autor, cuya entidad me parece menor de lo que se plantea a menudo (o por lo menos, más problemática). Asimismo, como trataré de mostrar también en la segunda parte de este ensayo, el liberalismo tocquevilliano no está exento de las ambigüedades y tensiones que acompañan a toda a elaboración teórica en el campo de las "ciencias del hombre". No se trata, sobra decirlo quizá, de poner en entredicho el lugar de Tocqueville como uno de los más grandes y más importantes liberales del siglo XIX, sino de poner sobre la mesa aspectos que nos ayuden a ver su obra de manera más matizada, más compleja y, a fin de cuentas, más interesante y más iluminadora.

Es bien sabido que en tiempos de Tocqueville la democracia y el liberalismo no sólo no iban de la mano, sino que, como lo muestra fehacientemente *La democracia en América*, eran en buena medida ideologías antitéticas. Para los jóvenes del siglo XXI esta oposición es difícil de concebir, aunque sólo sea porque, con todas las reservas que se quiera, la mayoría de los países actuales son "democracias liberales". A tal grado esta expresión revela en la actualidad una simbiosis que cuesta cierto trabajo concebir países que sean democráticos y no sean liberales o viceversa (aunque de un tiempo a esta parte esta separación resulta ser menos complicada). Si no logramos transportarnos mentalmente a la época en que escribió Tocqueville y adentrarnos en su contexto intelectual, difícilmente podremos calibrar lo que representa un libro como *La democracia en América* en términos de la historia política e intelectual de Occidente y, por supuesto, será imposible darnos cuentas de sus múltiples deudas intelectuales (entre otros motivos porque Tocqueville era muy poco afecto a citar a otros autores o a referir el origen de "sus" ideas). Ahora bien, más allá de la simbiosis mencionada, lo cierto es que si *La democracia en América* sigue siendo un clásico

[41] Véase sobre todo los capítulos primero y quinto de su *Tocqueville*, citado en la nota 3.

de la ciencia política, de la teoría política y de la sociología contemporáneas es en gran medida porque las tensiones entre la democracia y el liberalismo siguen con nosotros (aunque con nuevos avatares y nuevas connotaciones, como no podía ser de otro modo a ciento ochenta años de la publicación del primer volumen de la obra).

Tocqueville, ¿nuestro contemporáneo?

En esta segunda parte me detendré en algunos aspectos de la obra de Tocqueville que, a diferencia de los aspectos revisados en la primera parte de este ensayo, no sólo no hacen de él nuestro contemporáneo, sino que, en cierto sentido, lo alejan de nosotros. En primer lugar, un punto ya aludido: su "aristocratismo". No son pocas las críticas de nuestro autor a la democracia detrás de las cuales se esconde un aristocratismo (íntimo, intelectual y social) que determina los contenidos de *La democracia en América*. Al respecto, una de las críticas que le hace Stuart Mill al libro es la idea demasiado elevada que tiene el francés de la aristocracia y la creencia de que ciertos valores aristocráticos son esencialmente incompatibles con la democracia.[42]

Tocqueville era un aristócrata y por tanto, replicarán algunos, no se podía esperar otra cosa de él. Puede ser, sin embargo, el punto que quiero transmitir aquí es que la noción de grandeza moral que recorre *La democracia en América* de parte a parte es una noción que está fundamentada en gran medida en una visión aristocrática de la vida y de la sociedad. Esto no disminuye o pretende disminuir la idea que tiene Tocqueville sobre el hombre, sobre sus obligaciones morales y sobre su dignidad; simplemente llama la atención al

[42] "Comentarios a Tocqueville", en *Sobre la libertad* de John Stuart Mill, Dalmacio Negro Pavón (ed.), Madrid, Espasa Calpe, 1991, p. 249. Estos "comentarios", poco leídos en la actualidad, son una extensa reseña del libro de Tocqueville. Más allá de los comentarios críticos que hace Mill a lo largo de las más de 140 páginas que conforman este texto, el célebre liberal inglés no duda en absoluto sobre su valor y su importancia: "Es un libro con el que están obligados a familiarizarse, tanto por sus datos como por sus especulaciones, todos los que quieran entender su época o estén llamados a ejercer influencia sobre ella". *Ibid.*, p. 251.

hecho de que esta idea está apuntalada en gran medida en su condición de aristócrata y este hecho le resta, por momentos, fuerza y, sobre todo en mi opinión, capacidad persuasiva.[43] No sólo eso, estamos ante un aristócrata que, como quedó de manifiesto en la primera parte de este ensayo, miraba con enorme recelo, desconfianza y temor el avance, aparentemente incontenible, de la igualdad de condiciones. Cabe añadir a este respecto que, como cabría esperar, el aristocratismo en cuestión no se limita a *La democracia en América*. De hecho, exactamente lo mismo se puede decir de *El Antiguo Régimen y la revolución* y de ese interesantísimo libro autobiográfico de Tocqueville que se lee poco en la actualidad, los *Souvenirs*.[44] Sin embargo, es en su libro sobre Estados Unidos donde dicho aristocratismo resulta más chocante, por decirlo así, pues se trata de uno de los mejores análisis que se han escrito sobre las sociedades democráticas, en las cuales no es solamente que el aristocratismo no tenga lugar, sino que en el caso concreto de Estados Unidos, la aristocracia era vista como una de las principales causas de la decadencia social y política de Europa y, por tanto, de algo que había que evitar a toda costa. Que el análisis antedicho provenga de un aristócrata no le resta un ápice de su valor, pero sí nos ayuda a explicar algunas de las obsesiones, de los hilos conductores, de los énfasis temáticos y de las constantes argumentativas que recorren de principio a fin *La democracia en América*.

Otro aspecto del libro que explica, desde mi punto de vista, que Tocqueville no sea tan contemporáneo nuestro como se afirma a menudo es su religiosidad, que se expresa abiertamente desde la introducción del primer volumen, en la que Dios aparece nada menos que en seis ocasiones. Para nuestro autor, la religiosidad es una de

---

[43] Sobre esta cuestión se expresa de la siguiente manera uno de los numerosos analistas de la obra de Tocqueville: "Es cierto que la democracia es en un sentido muy real el enemigo de la grandeza humana; pero los enemigos de la democracia son enemigos mucho más peligrosos de esta grandeza". Pierre Manent, *Tocqueville et la nature de la démocratie*, París, Fayard, 1993, p. 177.

[44] Sobre la idea que tenía Tocqueville de la aristocracia francesa y sobre el precio que, según él, pagará la nación francesa por la manera en que la Revolución de 1789 la extirpó, véase la primera parte del capítulo XI del libro II de *El Antiguo Régimen y la revolución* (existen múltiples ediciones). Los *Recuerdos* o *Remembranzas* de Tocqueville han sido traducidos al español como *Recuerdos de la Revolución de 1848* (la última edición disponible es la de Trotta).

las grandes virtudes de la sociedad estadounidense; se trata de un factor que él considera fundamental para explicar el funcionamiento de dicha sociedad, así como sus éxitos en diversos ámbitos; además, sin ella su historia sería ininteligible (desde la llegada misma de los *pilgrims* a América del Norte a principios del siglo XVII).[45] Las expresiones "pro-religiosidad", por llamarlas así, recorren toda *La democracia en América*; menciono algunos ejemplos:

> América es sin embargo el lugar del mundo en donde la religión cristiana ha conservado los poderes más reales [*véritables*] sobre las almas; nada muestra mejor qué tanto ella es útil y natural al hombre, puesto que el país donde ella ejerce en nuestros días su mayor influjo es al mismo tiempo el más ilustrado y el más libre.[46]

Un poco más adelante, nuestro autor va más lejos cuando escribe que el alejamiento de las creencias religiosas es una "aberración de la inteligencia" y una "violencia moral ejercida sobre la naturaleza del hombre". Ese mismo párrafo concluye así: "La incredulidad es un accidente; solamente la fe es el estado permanente de la humanidad".[47] En el volumen II las expresiones de este tenor continúan: "En Estados Unidos la religión se confunde entonces con todas las costumbres nacionales y todos los sentimientos que la patria hace nacer; esto le proporciona una fuerza particular".[48] Más adelante, se puede leer: "Los pueblos religiosos son entonces naturalmente fuertes precisamente ahí donde los pueblos democráticos son débiles; esto nos muestra bien la importancia de que los hombres mantengan su religión cuando se están convirtiendo en iguales".[49] Como veremos al final de este ensayo, los últimos párrafos de *La democracia en América* son muy reveladores sobre esta cuestión.

---

[45] Para Tocqueville, nada explicaba tanto la prosperidad de Estados Unidos como su origen o nacimiento. *De la démocratie en Amérique*, vol. I, p. 414. Este origen, insisto, está en estrecha relación con la religión, pues nuestro autor considera que fue la religión la que provocó el parto de la sociedad estadounidense. A este respecto, cabe apuntar que la importancia que nuestro autor concede a la religión en el caso de Estados Unidos contrasta notablemente con el carácter anticatólico y antirreligioso de la Revolución francesa.

[46] *De la démocratie en Amérique*, vol. I, p. 431.

[47] *Ibid.*, p. 439.

[48] *Ibid.*, vol. II, p. 17.

[49] *Ibid.*, vol. II, p. 39.

Hay otro aspecto del conjunto de la obra de Tocqueville, no de *La democracia en América*, que apunta en el sentido de que es menos contemporáneo nuestro de lo que se afirma o sugiere con frecuencia. Me refiero a su postura frente a Argelia. María Luisa Sánchez-Mejía, después de haberse referido al combate de Tocqueville en contra de la esclavitud, resume la cuestión de manera inmejorable:

> Si la batalla en favor de la abolición es coherente con los rasgos generales del liberalismo que Tocqueville defendió, o aceptó al menos, en su análisis de la democracia americana, sus intervenciones en la Cámara y sus escritos en relación con la cuestión de Argelia aparecen, desde nuestra óptica, como una contradicción flagrante con el resto de su obra.[50]

Efectivamente, tanto el "Trabajo sobre Argelia" (1841) como el "Informe sobre Argelia" (1847) nos muestran una cara de Tocqueville sobre la que prácticamente no se habla cuando se hacen valoraciones generales sobre nuestro autor como el gran pensador político liberal francés del siglo XIX. Desde el objetivo principal que nuestro autor fija para Francia en África (mantener el poderío francés en el concierto europeo) hasta su total despreocupación por las condiciones de vida de los indígenas, pasando por sus recomendaciones del uso indiscriminado de la fuerza con la población civil, estamos ante un Tocqueville que por momentos cuesta trabajo reconocer. Entre las múltiples citas que se pueden hacer para apoyar lo antedicho, selecciono la siguiente: "Considero que el derecho de guerra nos autoriza a devastar el país, y que debemos hacerlo, bien destruyendo las cosechas en la época de la recolección, o bien, en cualquier época, mediante incursiones rápidas que llaman *razzias*, y que tienen por objetivo apoderarse de hombres y rebaños".[51]

Ahora sabemos bien que la relación entre liberalismo e imperialismo fue una constante durante el siglo XIX (especialmente en la segunda mitad) y que esta relación fue mucho menos tensa de lo que se planteó (o más bien se ignoró) durante mucho tiempo.[52]

---

[50] *Escritos sobre la esclavitud y el colonialismo*, Madrid, CELPC, 2009, p. XXV-XXVI; Sánchez-Mejía es la editora.

[51] *Ibid.* p. 83.

[52] Sobre esta relación, véase el estudio preliminar de Sánchez-Mejía en *ibid.* (Concretamente, pp. XXXIV-XXXIX).

También sabemos que condenar el imperialismo decimonónico es algo sumamente fácil desde la perspectiva del siglo XXI. No obstante, el discurso de la grandeza francesa, el desprecio por las poblaciones indígenas y una actitud decididamente imperialista no pueden dejar de llamar la atención cuando provienen de un hombre que, las más de las veces, es visto como uno de los más notables representantes intelectuales del liberalismo moderno. Al respecto, cito un ejemplo más tomado de uno de los textos de Tocqueville sobre Argelia:

> Si Francia retrocediese en una empresa en la que no se enfrenta más que a las dificultades naturales del país y a la oposición de las pequeñas tribus bárbaras que lo habitan, a los ojos del mundo parecería rendirse a su propia impotencia y sucumbir por falta de ánimo. Todo pueblo que abandona dócilmente lo que ha conquistado, y que por propia iniciativa se retira tranquilamente a sus antiguas fronteras, proclama que la gran época de su historia ha pasado. Entra de forma manifiesta en el periodo de su decadencia. Si Francia abandona alguna vez Argelia, es evidente que sólo podrá hacerlo en un momento en que esté a punto de emprender grandes cosas en Europa, y nunca en un tiempo como el nuestro, en el que parece retroceder a la segunda fila y resignarse a dejar pasar a otras manos la dirección de los asuntos europeos.[53]

La grandeza moral del individuo, que sin temor a exagerar podría ser considerada la preocupación central del segundo volumen de *La democracia en América* (en la medida en que el individuo está gravemente amenazado por la igualdad de condiciones y por el nuevo despotismo), parece haberse trastocado en el "Trabajo sobre Argelia" en la grandeza de Francia. Para terminar con esta cuestión, para darle un peculiar énfasis al punto que quiero transmitir a este respecto y para poner de manifiesto las ambigüedades que siempre han caracterizado a la tradición liberal (pero que sus acólitos tienden a ignorar, voluntaria o involuntariamente), cabe apuntar que la diferencia cronológica de publicación entre ambos textos es de sólo un año (el segundo volumen de *La democracia...* es de 1840, el "Trabajo sobre Argelia" es de 1841).

[53] *Ibid.*, p. 68.

Para terminar esta segunda parte y tomando en cuenta que en la primera encomié la capacidad predictiva de Tocqueville, menciono dos predicciones en las que las baterías de nuestro autor parecen haber errado el blanco por mucho; ambas, relacionadas entre sí, pueden considerarse "importantes" (hasta donde alcanzo a ver). La primera es la afirmación de que los estadounidenses y los pueblos democráticos en general le darían cada vez menos peso a los derechos individuales. Esta preocupación de nuestro autor se deriva en gran medida de su temor, muy aristocrático, de que las mayorías lo arrasasen todo con su afán nivelador, no tanto del hecho de que perciba que esos derechos estaban siendo atropellados en la sociedad estadounidense de su tiempo, pues no era el caso. De hecho, su temor a este respecto no coincide con muchas de las cualidades que el propio Tocqueville detecta en los ciudadanos estadounidenses y que describe con minuciosidad en su libro. Es en el segundo volumen de *La democracia en América* que esta preocupación de nuestro autor se hace más evidente; al punto de que llega a referirse al desprecio de los derechos individuales como un instinto "muy natural y muy peligroso" de los pueblos democráticos.[54] Respecto a Estados Unidos, creo que esta "predicción" de Tocqueville no sólo no se cumplió, sino que en aspectos fundamentales los derechos individuales no han dejado de ocupar un lugar importante e incluso de reforzarse en Estados Unidos.[55] Tan importante de hecho que le dan a la sociedad estadounidense contemporánea algunas de sus características distintivas (pienso, por ejemplo, en el derecho de portar armas, en la pena de muerte como castigo por una responsabilidad eminentemente individual o en las enormes desigualdades sociales que son permitidas porque son vistas, sobre todo, como consecuencia de decisiones individuales, no de naturaleza comunitaria o social).[56]

---

[54] *Ibid.*, vol. II, p. 445.

[55] Se trata de una tendencia que ni siquiera el derribo de las Torres Gemelas, con todas las consecuencias que ha tenido en el ámbito de los derechos individuales, ha podido debilitar realmente.

[56] Respecto al último punto, debo decir que, de alguna manera, Tocqueville previó esta enorme desigualdad, pues en el capítulo dedicado al estado social de los estadounidenses en el volumen I afirma que es el mismo "amor por el dinero" el que lleva al desprecio profundo por la teoría de la igualdad permanente de bienes. *Ibid.*, p. 101.

Creo que lo mismo se puede decir respecto a otra predicción de Tocqueville que si bien está presente también en el volumen I, al igual que muchas otras tendencias negativas descritas en dicho volumen se intensifica en el II: los pueblos democráticos tenderán al abandono progresivo de sus asuntos en beneficio del Estado. Una vez más, el *esprit* aristocrático de Tocqueville lo lleva a enfatizar un aspecto de la sociedad estadounidense que casa mal con otros aspectos de dicha sociedad que aparecen descritos y analizados en el libro que nos ocupa. ¿Podía una sociedad tan emprendedora, tan vital, tan dinámica, tan preocupada por la propiedad y tan ambiciosa en lo material dejar en manos del Estado la conducción de las vidas de sus integrantes? ¿Es creíble que "la inclinación natural" de los estadounidenses sea abandonar los asuntos comunes al "único representante visible y permanente de los intereses colectivos", es decir, el Estado?[57] En cierta medida, puede ser, pero una vez más, me parece que el aristocratismo de nuestro autor pesa demasiado y convierte en una preocupación primordial algo que, tomando en cuenta el cuadro general de la sociedad estadounidense que el propio Tocqueville retrata en su libro, no merecía ocupar un lugar tan destacado. No es cierto, para terminar con este tema, que los estadounidenses abandonen sus asuntos al Estado y no lo es porque dicho abandono implicaría que algunas de las grandes ventajas que han logrado estarían en peligro. Si las relativamente bajas tasas de participación política que existen actualmente en las elecciones estadounidenses podrían hacernos pensar que Tocqueville tenía razón (en lo que a participación *electoral* se refiere), la extremada sensibilidad de los ciudadanos de Estados Unidos respecto a cualquier crecimiento en las prerrogativas del Estado bastaría para darnos cuenta de que en este tema Tocqueville erró su vaticinio. Respecto a este tema, creo que los debates en torno a la primera, segunda, cuarta, quinta y sexta enmiendas de la Constitución, los cuales surgen con relativa frecuencia, apuntan en la misma dirección. Lo mismo podría decirse sobre la intensa discusión que suscitó no hace mucho tiempo el proyecto del presidente Obama para lograr una la cobertura médica generalizada, el cual fracasó

[57] *Ibid.*, vol. II, p. 402.

en términos generales. Los ejemplos mencionados muestran, desde mi punto de vista, que los estadounidenses están lejos de abandonar sus asuntos al Estado; a menos de que, insisto, reduzcamos esta cuestión a la participación electoral, que está lejos de ser en la actualidad el mejor termómetro de una sociedad civil, de algunas de sus preocupaciones principales y de su nivel de involucramiento político. En suma, el recelo ante el poder estatal es muy intenso y muy profundo en la sociedad estadounidense actual; cabe decir entonces que, en este tema, Tocqueville erró su vaticinio.

Por último, para terminar esta segunda parte del ensayo, procedo a plantear un aspecto de la obra de Tocqueville en el que su capacidad analítica muestra limitaciones considerables; me refiero al "fenómeno obrero" o, mejor dicho tal vez, a "la cuestión social". Esto se puede decir no solamente respecto a *La democracia en América*, sino también en relación con sus dos memorias sobre el pauperismo (1835, 1837) y más aún respecto a los *Souvenirs*; sobre todo si se tiene en mente que éstos fueron escritos en 1848 (es decir, a mediados del siglo XIX, cuando "la cuestión social" era ya un tema discutido explícitamente en Francia y en otros países de Europa).[58] En cuanto a *La democracia en América*, no es que Tocqueville no se diera cuenta del advenimiento de la sociedad industrial, como lo prueba el capítulo XX de la segunda parte del volumen II, pero su preocupación al respecto está dirigida sobre todo al surgimiento de una nueva aristocracia: la "aristocracia industrial".[59] Más adelante, Tocqueville dedica un breve capítulo a la relación entre la democracia y los salarios. En él, nuestro autor arriba a una conclusión sorprendente: la miseria de una parte de la "población industrial" es un hecho excepcional dentro de la sociedad democrática estadounidense, pero no merece la atención particular de los legisladores, pues, nos dice, cuando una sociedad entera está en movimiento es difícil que una parte de ella se

---

[58] De las memorias mencionadas existe una edición en español: *Democracia y pobreza (Memorias sobre el pauperismo)*, Madrid, Trotta, 2003, Antonio Hermosa Andújar (ed.); este libro contiene un extensa introducción del editor, la cual, sin embargo, no resulta muy útil para contextualizar y entender estos dos textos de Tocqueville.

[59] *De la démocratie en Amérique*, vol. II, pp. 221-225.

mantenga inmóvil.[60] En el capítulo v de la última parte del volumen II, Tocqueville regresa a la Revolución industrial que ha sufrido el mundo, y particularmente Europa, desde principios del siglo XVIII. Es ahí donde nuestro autor se refiere a una "clase industrial" que no deja de extenderse y que se enriquece sin cesar. Y añade, de manera reduccionista si tomamos en cuenta que estamos a mediados del siglo XIX (aunque en consonancia con lo que acabamos de referir), que esta clase podría reunir a todas las demás que no forman parte de ella, lo que significa que puede convertirse no solamente en la "clase principal", sino también en la "clase única".[61]

En general, creo que la perspectiva de Tocqueville sobre los obreros insiste demasiado en la codicia (*convoitise*), lo que contribuye inevitablemente a desvirtuar las reivindicaciones de los trabajadores. Además, su preocupación exacerbada por la propiedad y por el crecimiento desmedido del Estado lo lleva a rechazar toda reglamentación del trabajo, a la que considera una intromisión en el desarrollo o marcha de la industria. Varios pasajes de los *Souvenirs* reflejan a un Tocqueville que no parece estar bien equipado para entender lo que sucede a su alrededor en términos sociales.[62] Esto se refleja en su manera de concebir los primeros seis meses del 1848 francés, más concretamente parisino; que fueron vistos por nuestro autor como una opresión por parte de los obreros de la capital sobre el conjunto de la nación francesa.[63] Tocqueville poseía una inteligencia privilegiada y una perspicacia muy notable; esto no obstó para que frente a una cuestión con una carga de futu-

[60] *Ibid.*, vol. II, p. 265.

[61] *Ibid.*, vol. II, p. 424.

[62] Sobre esta cuestión se puede decir que su aristocratismo le impide ver más allá de las revueltas populares que tiene ante sus ojos. Paradójicamente, lo mismo se puede decir respecto a la burguesía, una clase que desagrada profundamente a Tocqueville; tanto, que fue incapaz de comprender algunos aspectos centrales del papel que desempeñaba desde entonces en la sociedad francesa (y que, por supuesto, seguiría desempeñando).

[63] A este respecto, véase concretamente la página 221 de los *Souvenirs*, París, Gallimard, 1999. La postura de Tocqueville al respecto se refleja también en la carta a su amigo Beaumont, fechada en septiembre de aquel año, en la que queda claro que su preocupación principal ante los acontecimientos que están teniendo lugar es el orden, al que hay que subordinar todo lo demás; a tal grado que, en sus propias palabras, "habría que ir hasta la *reacción*". Citado por Claude Lefort en su prefacio a los *Souvenirs*, *ibid.*, p. XLV (las cursivas son del original).

ro tan profunda como la democracia (me refiero a la cuestión obrera) su visión haya sido bastante limitada.

A modo de conclusión

Este ensayo tiene dos objetivos primordiales: el primero es animar a los jóvenes estudiantes de cualquiera de las ciencias sociales o humanas a que lean *La democracia en América*; el segundo es contribuir a que vean con ojos críticos tanto algunos aspectos de este libro, como otros elementos del conjunto de la obra de Tocqueville.[64] En el corazón y la cabeza de Tocqueville tuvo lugar una confrontación entre, por un lado, una libertad individual que representaba y reflejaba su ser más íntimo, y por otro, una igualdad social que, a su pesar, era en cierto sentido superior, como él mismo lo reconocía. Los pueblos democráticos, nos dice Tocqueville, tienen un "gusto natural" por la libertad, pero una "pasión ardiente" por la igualdad, esto provoca una serie de males para los cuales, en su opinión, sólo existe un remedio eficaz: la libertad política.[65] En relación con este tema, nuestro autor envió las líneas siguientes a Stuart Mill: "Amo la libertad por gusto, la igualdad por instinto y razón. Estas dos pasiones que tantas personas fingen tener, creo realmente sentirlas en mí y estar presto a hacer por ellas grandes

[64] Entre los primeros hay uno al que no presté la atención debida en este ensayo: la relación tan directa que Tocqueville establece en *La democracia en América* entre la democracia y la igualdad de condiciones, entendida sobre todo como el bienestar de las mayorías. Esta relación podía resultarle evidente a nuestro autor por su manera de entender primordialmente la democracia (como igualdad de condiciones) y por concentrarse exclusivamente en la sociedad estadounidense de la tercera década del siglo XIX, que era relativamente homogénea y que crecía a un ritmo notable. Sin embargo, es evidente que esta relación no aplica a la mayoría de las sociedades occidentales contemporáneas a las que se puede considerar "democracias". En ellas no sólo no existe dicha igualdad de condiciones, sino que son sociedades tremendamente desiguales (como es el caso, sobra decirlo, de la sociedad mexicana y de muchas otras sociedades latinoamericanas). Por lo demás, en relación directa con algo ya señalado, cabe añadir que entre las sociedades occidentales desarrolladas contemporáneas la más desigual de todas es, con diferencia, la estadounidense.

[65] *De la démocratie en Amérique*, vol. II, pp. 141 y 153. Sin ánimo alguno de jugar con las palabras, se puede decir que Tocqueville sentía una "pasión ardiente" por la libertad; como cualquier otra, esta pasión también tiene consecuencias, tanto personales como intelectuales (por no hablar de las políticas).

sacrificios".[66] Sin embargo, en otro escrito, aún más personal que la misiva a un amigo, titulado *Mon instinct, mes opinions*, Tocqueville es menos mesurado y, yo diría, más apegado a la verdad:

> Tengo un gusto cerebral por las instituciones democráticas, pero soy aristócrata por instinto, es decir, que desprecio y temo a la multitud. Yo amo con pasión la libertad, la legalidad, el respeto de los derechos, pero no la democracia. He aquí el fondo de mi alma. Yo odio la demagogia, la acción desordenada de las masas, su intervención violenta y confusa en los asuntos [públicos], las pasiones envidiosas de las clases bajas, las tendencias irreligiosas. He aquí el fondo de mi alma. La libertad es la primera de mis pasiones. He aquí lo verdadero.[67]

En las páginas finales del libro vuelve a hacer acto de presencia el profundo escepticismo tocquevilliano respecto a la democracia; un escepticismo cuya naturaleza es, a mi parecer, eminentemente aristocrática. Sin embargo, esta visión más bien negativa sobre la democracia no le impide expresar que sus miedos van acompañados de esperanzas, que los peligros pueden ser conjurados y que los "grandes males" pueden ser evitados o, por lo menos, limitados.[68] Además, un par de páginas antes nuestro autor intenta "resolver" la contienda, íntima y social al mismo tiempo, que a todo lo largo de su libro habían sostenido la igualdad y la libertad: "La igualdad es menos elevada quizá, pero es más justa y su justicia hace su grandeza y su belleza".[69] Aquí, una vez más, incide la religiosidad tocquevilliana, pues inmediatamente después nuestro autor afirma que lo anterior es una especie de perspectiva *divina* sobre los asuntos humanos, una perspectiva que él se esfuerza por entender y aceptar.[70]

---

[66] *Correspondencia Tocqueville-Stuart Mill*, p. 34.

[67] Citado por Claude Corbo en su presentación al libro *Regards sur le Bas-Canada*, p. 23.

[68] *De la démocratie en Amérique*, vol. II, p. 455.

[69] *Ibid.*, p. 453. Creo que esta cita no solo dice muchísimo sobre Tocqueville como persona, sino que también nos ayuda a calibrar la naturaleza y magnitud de esa tensión entre libertad e igualdad que recorre toda *La democracia en América*. En esa misma tensión, por cierto, sigue inmerso el mundo de hoy.

[70] Textualmente, Tocqueville afirma que se esfuerza por "pénétrer dans ce point de vue de Dieu".

En esta misma línea, en los últimos párrafos de *La democracia en América* reaparece la Providencia (con mayúscula en el original); en este caso como la autora de un designio en el que el hombre no es ni enteramente independiente, ni totalmente esclavo: "Ella traza, es cierto, alrededor de cada hombre un círculo del que no puede salir; sin embargo, dentro de sus vastos límites, el hombre es poderoso y libre, así los pueblos".[71] Muy tocquevilliano el tono, las imágenes y ese agonismo al que me referí o aludí en más de una ocasión en el presente ensayo. Algo similar se puede decir de la oración con la que concluye un libro cuya lectura nunca me cansaré de recomendar a mis estudiantes y, en esta ocasión, a mis lectores. La cita, con la que cierro estas líneas, habla por sí sola: "Las naciones de nuestros días no podrían hacer que en su seno las condiciones no sean iguales, pero depende de ellas que la igualdad las conduzca a la servidumbre o a la libertad, a las luces o a la barbarie, a la prosperidad o a la miseria".[72]

[71] *Ibid.*, vol. II, p. 455.

[72] *Idem.*

Cómo hacer filosofía política: Lecciones tocquevillianas

Claudio López-Guerra

I.

Hay tantas maneras de leer una obra como hay lectores. Incluso los libros de cocina admiten múltiples aproximaciones. Pueden tener valor histórico, por ejemplo. O literario, si el autor es alguien como Alexandre Dumas, quien escribió *El gran diccionario de cocina.* Ante la diversidad de perspectivas para acercarse a un texto, me parece importante ser claros desde un inicio. Un director de cine no puede ocultar la posición de la cámara en ningún momento. Alguien que trate de responder una pregunta como ¿por qué leer a Tocqueville hoy? debería igualmente hacer públicas sus coordenadas, la trinchera desde la cual tratará el asunto.

En este ensayo no me interesa destacar la importancia que pueda tener la obra de Tocqueville para entender la naturaleza y evolución histórica de ciertas ideas políticas modernas; o para reconstruir la vida pública decimonónica en Estados Unidos; o para psicoanalizar las pesadillas políticas de la aristocracia francesa; o para vindicar una manera de practicar las ciencias sociales. Mi objetivo es acercarme a Tocqueville desde el punto de vista de la filosofía política normativa.

Cada vez cobra más fuerza el giro institucional en la teoría política analítica. Si bien la preocupación abstracta por esclarecer ideales como la justicia y la igualdad sigue siendo fundamental, el interés por lo que Dennis Thompson ha llamado "teoría política institucional" o, en los términos de Jeremy Waldron, "teoría política *política*" está creciendo. La idea es que debemos retomar la evaluación normativa rigurosa del complejo enramado institucional que estructura la toma de decisiones políticas, tal como lo hicieron, por ejemplo, John Stuart Mill, James Madison y Montesquieu. Desde esta perspectiva, mi objetivo aquí es demostrar que Tocqueville, contra lo que muchos creen, tiene algo que aportar a la agenda de la teoría política contemporánea.

II.

Tocqueville, en efecto, no pertenece al canon de los grandes filósofos políticos. Es verdad que tiene un lugar reservado en esas obras voluminosas que sirven como guías turísticas del pensamiento político occidental. Pero Tocqueville no es muy respetado entre los filósofos que estudian la vida práctica, incluyendo el ámbito público. Para un académico de este corte, Tocqueville tal vez hizo algunas cosas interesantes, como articular lúcidamente el problema de la tiranía de la mayoría, pero no mucho más. Me parece que *The History of Western Philosophy*, de Bertrand Russell, es representativo del estatus que tiene Tocqueville entre los filósofos políticos de ayer y hoy: Russell no lo menciona ni una sola vez.

En un libro reciente sobre Tocqueville, Jon Elster pareciera sugerir lo contrario cuando escribe: "En su mayoría, los estudiosos de Tocqueville lo consideran como un gran teórico político [...] consideran que su principal preocupación fue normativa".[1] Sin embargo, Elster no está diciendo que la mayoría de los estudiosos de la teoría política normativa valoran la obra de Tocqueville. Sólo está diciendo que los estudiosos de Tocqueville lo valoran como teórico político normativo, lo cual es muy distinto. A diferencia de lo que pa-

[1] Jon Elster, *Alexis de Tocqueville: The First Social Scientist*, Cambridge, Cambridge University Press, 2009, p. 1.

rece insinuar, Elster no está solo cuando afirma que Tocqueville no fue gran filósofo político. Como un dato sugerente, Elster menciona la ausencia total de Tocqueville en una obra fundamental: John Rawls, el más grande pensador político del siglo pasado, no hace una sola referencia a Tocqueville en su obra magna, *A Theory of Justice*. Yo añadiría que Rawls le da el mismo trato en sus *Lectures on the History of Political Philosophy*. En un pasaje le brinda un tributo de boquilla o cortesía, al referirse a él, junto con Montesquieu y Constant, como un pensador "de primera".[2] Después no lo vuelve a mencionar.

La situación ha causado cierta ansiedad entre algunos tocquevillianos. Pierre Manent, por ejemplo, se ha propuesto reivindicar el estatus de Tocqueville en un ensayo titulado, ni más ni menos: "Tocqueville, Political Philosopher". Pero Manent no es muy persuasivo. Tras varias páginas sin un propósito claro, hacia el final del texto dibuja una respuesta. Tocqueville, dice, fue un filósofo político por atreverse a cuestionar el dogma de la soberanía popular. Como los grandes pensadores griegos, fue antidogmático al contraponer los ideales de la aristocracia y la democracia:

> Al instituir la confrontación entre "aristocracia" y "democracia" en su trabajo y declarar que el debate entre estas dos formas de humanidad –entre justicia y grandeza– no puede resolverse, reabre la cuestión que nuestra pasión dogmática ha declarado como resuelta de entrada. Cómo podemos negar el nombre "filósofo" al sociólogo liberal que nos guía hacia afuera de la cueva social?[3]

En algo tiene razón Manent: Tocqueville simplemente declara, sin hacer un esfuerzo por demostrar con argumentos, que la tensión entre esas formas no puede resolverse… difícilmente la marca de un filósofo. Evocar un problema relevante para la filosofía en el marco de nuestro trabajo no es lo que define al filósofo, sino el intento sistemático de analizar el problema. Sabemos, además, que

---

[2] John Rawls, *Lectures on the History of Political Philosophy*, Cambridge, Mass., Harvard University Press, 2008, p. 191.

[3] Pierre Manent, "Tocqueville, Political Philosopher", en Cheryl B. Welch (ed.), *The Cambridge Companion to Tocqueville*, Cambridge, Cambridge University Press, 2006, p. 120.

Tocqueville se contradice con regularidad y que es poco riguroso en el manejo de conceptos importantes. Esto no lo dicen sus críticos, sino sus partidarios, como el propio Elster, quien plantea que en Tocqueville "los detalles son de mayor interés que el conjunto, la forma de razonar es más persuasiva que las conclusiones".[4]

Yo quiero plantear exactamente lo mismo, pero en relación con la teoría política normativa que subyace en *La democracia en América*. Elster se refiere solamente a las explicaciones causales en la obra de Tocqueville. Sin embargo, su apunte también es cierto respecto a los juicios normativos, o al menos eso trataré de mostrar. Debemos recuperar la forma como Tocqueville concibió la tarea de justificar las instituciones políticas. Su obra, junto con la de John Stuart Mill, es representativa de un tipo de aproximación a la teoría política normativa que, lamentablemente, se ha perdido con el paso de los años, aunque actualmente existen dignos exponentes. La idea no es que Tocqueville es un filósofo político ejemplar. Los defectos que he citado son reales. Su falta de rigor y claridad conceptual, además del hecho de que sus preguntas no fueron las preguntas centrales de la filosofía política (le preocupaba principalmente entender la estabilidad de la democracia, no identificar la mejor forma de gobierno) explican en gran medida el hecho de que la mayoría de los filósofos políticos de corte analítico no lo tomen en serio. Sin embargo, como se verá, también tiene mucho que enseñarnos sobre lo que debe importarle a un filósofo político, y sobre cómo proceder para poder estudiarlo adecuadamente.

III.

En su cátedra inaugural como titular de la Chichele Professorship of Social and Political Theory de la Universidad de Oxford, Jeremy Waldron hizo un diagnóstico muy útil sobre la situación de la filosofía política analítica en nuestros días. ¿Cuál ha sido la principal preocupación de los filósofos políticos desde el renacimiento de la disciplina con la obra de John Rawls? La respuesta de Wal-

[4] J. Elster, *Alexis de Tocqueville: The First...*

dron es reveladora. La nuestra ha sido una filosofía política de ideales. El objetivo ha sido principalmente tratar de esclarecer aquello que debe buscarse mediante el ejercicio del poder: justicia, igualdad, comunidad, libertad, derechos. Al enfocarnos en ideales, hemos descuidado otros dos asuntos: el carácter o las virtudes individuales que se requieren en una sociedad bien ordenada, y los detalles de la maquinaria institucional para el buen ejercicio del poder.

Waldron hace un llamado a encontrar un nuevo equilibrio. No propone que hagamos a un lado la discusión de ideales, ni que dejemos de pensar en las obligaciones de los individuos en una sociedad bien ordenada, pero nos convoca a discutir de una forma mucho más profunda y sofisticada los procesos y las instituciones políticas:

> Yo creo que las instituciones políticas son extremadamente importantes [...] Primero, y sobre todo, necesitamos entender los fundamentos de la democracia, pero no sólo la democracia en un sentido crudo y no diferenciado: necesitamos entender la representación democrática, la competencia electoral, y los partidos políticos democráticos [...] Pero no sólo es la democracia. Es nuestra responsabilidad como teóricos de la política reflexionar sobre un conjunto más amplio de asuntos en torno a la estructura constitucional [...] Esto es a lo que me refiero con teoría política *política*: teoría que en sí misma se refiere a la política y a la manera como nuestras instituciones políticas hospedan y enmarcan nuestros desacuerdos sobre los ideales sociales [...] El tipo de investigación que estoy imaginando es enfáticamente normativo. Pues tenemos que *elegir* nuestras instituciones y procesos.[5]

Suscribo plenamente el diagnóstico y el exhorto de Waldron. Lo que tengo que decir sobre Tocqueville no será de mucho interés para quienes crean que la filosofía política analítica no necesita este giro. Pues la idea central de este ensayo es que Tocqueville tiene mucho que ensañarnos sobre cómo llevar a cabo la teoría política *política* que propone Waldron. Mill, Montesquieu y los autores de los *Federalist Papers* son puntos de referencia importantes en el planteamiento de Waldron, y por muy buenas razones. Pero, una vez más, Tocqueville permanece en la sombra: Waldron no lo menciona ni de pasada.

---

[5] Jeremy Waldron, "*Political* Political Theory: An Inaugural Lecture", *Journal of Political Philosophy*, vol. 21, núm. 1, 2013, pp. 8-10.

Para explicar adecuadamente la importancia de *La democracia en América*, es necesario discutir con más detalle en qué consiste este tipo de teoría política. Waldron no fue el primer pensador contemporáneo en promoverla. Desde hace tiempo, Dennis Thompson ha insistido en la importancia de practicar lo que él llama "teoría política institucional". En términos generales, es justamente lo que propone Waldron. Pero Thompson ha articulado tres preceptos metodológicos que le imprimen un carácter concreto al proyecto.

El primer precepto de la teoría política institucional es que para elucidar los grandes principios normativos (principios de igualdad o de justicia, por ejemplo) tenemos que pensar en serio en las instituciones que podrían encarnarlos: "Mientras no examinemos la manera en que los principios se pueden traducir en instituciones políticas, no sólo no podemos decidir qué tipo de igualdad o libertad queremos promover, tampoco podemos siquiera determinar lo que los principios significan".[6] Sólo cuando pensamos seriamente en la forma institucional que pueden tomar los principios podemos cabalmente determinar su contenido. Esto quiere decir que el enfoque dominante centrado en ideales inevitablemente será defectuoso en la medida en que ignore a las instituciones.

En la misma línea, el segundo precepto establece que la teoría política necesita prestar atención no sólo a las instituciones que dan forma a los ideales y principios sino también a los argumentos que los ciudadanos y sus representantes ofrecen en el debate público. Esto es en parte porque el sentido y significado de las propias instituciones depende de las razones que se articulan en torno a ellas en la discusión pública. Para Thompson, someter a escrutinio crítico los argumentos y razones de los agentes políticos es una las tareas constitutivas de la teoría política. Mucho podemos aprender, por ejemplo, de los debates de una Suprema Corte o de las deliberaciones legislativas. Y también las opiniones de los ciudadanos comunes y corrientes, las razones por los que apoyan o rechazan ciertas leyes y políticas, pueden ser útiles para la teoría política. Esto es especialmente cierto respecto a las opiniones informadas de los

---

[6] Dennis Thompson, *Just Elections*, Chicago, The University of Chicago Press, 2002, p. VIII.

ciudadanos, como se revelan en ejercicios como el de la encuesta deliberativa de James S. Fishkin.[7]

Para finalizar, el tercer precepto de la teoría política institucional es que debemos articular principios de rango medio, es decir, principios que estén lo suficientemente conectados con las prácticas actuales para que los actores los puedan reconocer, pero al mismo tiempo lo suficientemente desconectados para poder hacer una evaluación crítica de las instituciones vigentes. El objetivo no es tratar de elaborar grandes teorías, como el igualitarismo o el libertarianismo, sino concentrarse en los principios directamente relevantes para evaluar a las instituciones: "Puesto que los principios de rango medio pueden estar presentes en varias teorías comprensivas, el punto de la teorización institucional es no obligarnos a escoger entre estas teorías, sino facilitar la interpretación de los principios mismos".[8]

Si Waldron y Thompson tienen razón al decir que debemos revivir la teoría política institucional, también debemos revivir a Tocqueville como filósofo político. Esto es precisamente porque su trabajo es un buen ejemplo de la teoría política institucional. Los tres preceptos de Thompson se cumplen cabalmente en el caso de Tocqueville. En *La democracia en América* encontramos un minucioso análisis de instituciones políticas con base en argumentos y principios que no constituyen una doctrina comprensiva, y que reflejan en gran medida los puntos de vista de los agentes democráticos de la época. Desde el punto de vista de la teoría política institucional, tenemos mucho que aprender de Tocqueville. Esto no quiere decir que su trabajo es en todos sentidos el modelo a seguir. Como ya he señalado, es verdad que Tocqueville en muchos sentidos no fue lo suficientemente sistemático y riguroso. Pero su enfoque, su forma de razonar sobre las instituciones políticas –y no sólo sobre los mecanismos causales en la explicación del comportamiento– es iluminador.

[7] James S. Fishkin, *When the People Speak: Deliberative Democracy and Public Consultation*, Oxford, Oxford University Press, 2011.

[8] D. Thompson, *Just Elections*, p. IX.

IV.

El lugar de Tocqueville en el canon de la teoría política analítica es la imagen inversa del lugar que ocupa John Stuart Mill: exclusión y sublimación, respectivamente. Waldron plantea que *Consideraciones sobre el gobierno representativo* es "el libro más importante sobre la democracia en nuestra tradición".[9] El hecho de que Tocqueville y Mill estén en polos opuestos constituye una gran paradoja porque, según Mill, la obra de Tocqueville, específicamente *La democracia en América*, es "la contribución más importante que se ha hecho en muchos años a la filosofía del gobierno".[10] Cuando la máxima figura del canon se expresa así de un paria de la filosofía política hay algo que definitivamente está fuera de lugar.

Aunque Tocqueville no haya sido tan sofisticado y riguroso como los filósofos clásicos, tuvo una sensibilidad inusual para concebir adecuadamente la naturaleza de la evaluación moral de las institucionales políticas. Tocqueville entendió bien que la moralidad institucional es de claroscuros, y que cualquier intento de justificación que pretenda lo contrario será defectuoso. En la medida en que un arreglo institucional sea mejor que las alternativas, rara vez la victoria será por nocaut. Las instituciones por lo general producen varios efectos, algunos positivos, otros negativos, y a veces esto depende de las circunstancias y de la forma como las instituciones interactúan unas con otras. La democracia es un complejo enramado de instituciones de varios tipos, y por tanto, su justificación es una tarea complicada. Mill admiró la capacidad y honestidad de Tocqueville para plantear el problema tal cual es:

> Su imagen [de la democracia], como la imagen verdadera de cualquier cosa, exhibe tanto las sombras como el lado luminoso; y como no oculta nada, provee elementos desde los cuales la democracia, dependiendo de las intenciones del escritor, puede ser tanto atacada como defendida, y, podemos añadir, *mejor* atacada y *mejor* defendida de lo que nunca antes pudo haber sido.[11]

[9] J. Waldron, "*Political* Political Theory", en *op. cit.*, p. 21.

[10] John Stuart Mill, "Rationale of Representation", en *The Collected Works of John Stuart Mill, volume XVIII*, Toronto, The University of Toronto Press, 1977.

[11] *Idem.*

Recuperar a Tocqueville puede servir de correctivo para una buena parte de la teoría democrática contemporánea, en particular la que se gesta en los departamentos de filosofía. Muchos filósofos políticos han tratado de encontrar una justificación de la "democracia" sin tener que entrar al complejo y lodoso asunto del diseño institucional. El truco está en concebir "democracia" simplemente como un abstracto derecho a participar en asuntos políticos. El problema, como bien señala Thompson, es que el contenido de este derecho o principio general es ininteligible si no tomamos en serio el conjunto de instituciones específicas que podrían encarnarlo. Debemos encontrar un mejor equilibrio donde la preocupación por las instituciones del teórico político formado como politólogo se combine con el rigor analítico del teórico político formado como filósofo. Leer a Tocqueville puede ayudar.

V.

La democracia en América contiene un excelente análisis sobre el sufragio universal –la institución más emblemática de la democracia moderna– que ilustra bien el tipo de acercamiento perspicaz y minucioso que demanda la teoría política institucional. Mientras que hoy la mayoría de los teóricos de la democracia simplemente dan por sentado al sufragio universal, Tocqueville lo somete a un incómodo pero necesario escrutinio crítico. Los teóricos políticos que quieran sumarse al proyecto de Waldron y Thompson harían bien en tomarlo como ejemplo.

En específico quiero rescatar dos apuntes sobre el sufragio universal que muestran la forma exhaustiva como Tocqueville razonaba sobre la moralidad de las instituciones políticas. El primero se refiere al valor del sufragio universal como instrumento para evitar la violencia en las sociedades democráticas. De acuerdo con Tocqueville, el ejercicio del derecho a la libre asociación tiende en ciertos contextos a producir violencia. Una asociación es una máquina de combate: "Un arma de guerra", dijo Tocqueville. Aunque busca expresarse y persuadir, también busca movilizarse y conquistar. Emite demandas, proyectos incompatibles con los de otros grupos. No todos pueden ganar, y lo que está en juego muchas veces es de la mayor importancia. Por eso la posibilidad de la violencia está siempre presente. "Uno en efecto se asocia con el objeto de hablar", plantea Tocqueville, "pero la idea de actuar inmediatamente preocupa a todas las mentes. Una asociación es una milicia; uno habla en ella para ser tomado en cuenta y para inspirarse, y entonces uno marcha hacia el enemigo".[12]

Pero afortunadamente, ante el riesgo de violencia que conlleva la libertad de asociación, el sufragio universal es un remedio eficaz. Es un ejemplo tocquevilliano sobre cómo un posible efecto negativo de una medida democrática se neutraliza por medio de otro mecanismo democrático. Las elecciones con sufragio universal, explicó Tocqueville, revelan la verdadera correlación de fuerzas en una sociedad, lo cual hace menos probable que ciertos grupos, sobreestimando su poder, traten de ejercer la fuerza en nombre de la mayoría. El sufragio universal pone a cada quien en su sitio ante la tendencia natural de los grupos a sobrevaluar el apoyo que tienen. Esto es independientemente del número de personas que salgan a votar: "En países donde el sufragio universal es aceptado, la mayoría nunca está en duda porque ningún partido se puede proclamar razonablemente como representante de aquellos que no han votado. Las asociaciones saben, por tanto, y todo mundo sabe, que no representan la mayoría".[13]

Con este pasaje, Tocqueville fue uno de los primeros en articular un argumento muy conocido y plausible a favor de la democracia moderna: si bien esta forma de gobierno no garantiza mucho más, al menos permite que el poder cambie de manos de forma pacífica. Como diría elocuentemente A. D. Lindsay, las elecciones con sufragio universal son "un proceso de contar cabezas que nos evita la molestia de cortarlas".[14] Tocqueville articuló una posible lógica detrás de esto.

El otro apunte sobre el sufragio universal que quiero rescatar se refiere al valor que tiene como instrumento para producir bue-

---

[12] Alexis de Tocqueville, *Democracy in America*, Chicago, Chicago University Press, 2000, vol. I, parte 2, cap. 4, p. 184. Traducción del autor.

[13] *Ibid.*, p. 185.

[14] A. D. Lindsay, *The Essentials of Democracy*, Oxford, Clarendon Press, 1967, p. 48.

nos gobiernos. Una vez más, el análisis es sofisticado y revelador. Por una parte, Tocqueville trata de invalidar una de las teorías más aceptadas (tanto en su tiempo como en la actualidad) sobre el valor instrumental de la elecciones democráticas. De acuerdo con esta teoría, aunque los ciudadanos comunes y corrientes no tienen la capacidad para ejercer bien el poder de manera directa, como creen los defensores de la democracia clásica, sí tienen la capacidad para identificar a los más capaces y para exigirles cuentas al final de su mandato. Los gobernados no pueden gobernar adecuadamente, pero sí pueden elegir bien a quienes habrán de gobernarlos. Su capacidad para ejercer el poder es limitada, pero su capacidad para designar buenos gobernantes es la premisa fundamental de la democracia moderna.

Para Tocqueville esto es un error. No dudaba que la mayoría de los ciudadanos tenga un genuino interés en elegir gobernantes que promuevan el interés público, pero la idea de que la gente común y corriente tiene la capacidad de identificar y votar por ellos –por los más virtuosos y talentosos– le parecía claramente falsa. Juzgar el carácter y la habilidad de las personas es, según Tocqueville, un arte que requiere de entrenamiento e información: atributos que los ciudadanos comunes y corrientes no tienen: "La gente nunca encuentra el tiempo ni los medios para llevar a cabo esta tarea. Siempre deben juzgar apresuradamente y vincularse con los elementos más llamativos".[15] Esto no solamente es obvio a un nivel anecdótico para cualquiera que haya presenciado una campaña electoral en nuestros días. La desinformación de los votantes es un fenómeno muy bien documentado por la ciencia política.[16] La conclusión de Tocqueville es tan amarga como cierta: "He corroborado que quienes consideran el sufragio universal como una garantía de buenos resultados buenos creen en una ilusión. El sufragio universal tiene otras ventajas, pero no esa".[17]

Tocqueville no sólo argumenta que el sufragio universal tiene ciertas ventajas, sino que la magnitud de esas ventajas, sobre todo

[15] A. Tocqueville, *Democracy in America*, vol. I, parte 2, cap. 5, p. 189.

[16] Véase, por ejemplo, P. E. Converse, "Assessing the Capacity of Mass Electorates", *Annual Review of Political Science*, vol. 3, 2000, pp. 331-353.

[17] A. Tocqueville, *Democracy in America*, vol. I, parte 2, cap. 5, p. 190.

una de ellas, opaca las deficiencias. El sufragio universal no conduce al empoderamiento de los más capaces, sin embargo, asegura que los intereses de los gobernados y de los gobernantes converjan. Esto para Tocqueville es fundamental. El pasaje es uno de los más importantes de toda la obra:

> Sin duda es importante para el bien de las naciones que quienes gobiernan tengan virtudes o talentos; pero lo que es probablemente, incluso, más importante es que quienes gobiernan no tengan intereses contrarios a la masa de gobernados; pues en ese caso las virtudes se pueden volver casi inútiles, y los talentos, fatales.[18]

Las leyes y políticas públicas en un sistema con sufragio universal serán defectuosas en muchos sentidos, pero al menos apuntarán en la dirección correcta. Sabemos bien que para Tocqueville la tiranía de la mayoría es un mal que debemos evitar. Pero un punto aún más importante en *La democracia en América* es que la tiranía de la minoría es mucho peor.

El análisis de Tocqueville cumple cabalmente con los tres preceptos de la teoría política institucional de Thompson. El primero –tomar las instituciones como la principal unidad de análisis normativo– es bastante claro. Tocqueville es minucioso y sofisticado cuando estudia el sufragio universal desde distintos ángulos, y lo mismo hace con muchas otras instituciones. En cuanto al segundo precepto –tomar en serio las (buenas) razones que pueblan el debate público– Tocqueville también es un buen ejemplo. A lo largo y ancho de *La democracia en América* alude explícitamente a la opinión y los puntos de vista de la gente en Europa y América. Su principal fuente de información fueron personajes de la vida pública. Finalmente, sobre la articulación de principios de rango medio –el tercer precepto de Thompson– también es una de las características del análisis tocquevilliano. Está claro que Tocqueville no propuso una teoría general sobre la democracia, la libertad o la justicia, sino que articuló y discutió principios que más de una gran doctrina política podría hacer suyos, como la idea de que es más importante tener gobernantes cuyos intereses se alineen con los in-

[18] *Ibid.*, vol. I, parte 2, cap. 6, p. 223.

tereses de una mayoría, aunque tengan poca capacidad, en lugar de gobernantes, por muy talentosos que sean, cuyos intereses sean los de una minoría.

VI.

Muchos académicos que se consideran practicantes de la teoría política se dedican meramente a interpretar, profundizar, reconstruir, desconstruir, revisar, catapultar, reproducir, etc., las ideas de otros. Esto es particularmente cierto en México y América Latina. Hemos sido meros espectadores, no protagonistas, de los debates en la filosofía política. Como ha dicho José Antonio Aguilar Rivera, padecemos "un déficit de la imaginación para ver –y juzgar– con ojos propios los 'primeros principios'" en materia de pensamiento político.[19] Quizá la lección más importante de Tocqueville es que, como él, debemos tener el arrojo para pensar por nosotros mismos los problemas que nos interesan. Lo que otros han dicho sólo es relevante en la medida en que nos ayude a pulir nuestras propias respuestas. Con "nuestras" no quiero decir regionales, sino individuales: no estoy haciendo un llamado a practicar una filosofía política autóctona, latinoamericana. No hay nada más estúpido: las preguntas centrales de la teoría política, que tienen que ver con la moralidad del ejercicio del poder público, son universales. El mío es un llamado a dejar las gradas y saltar a la cancha, a que cada quien se convierta en un pensador capaz de decir algo nuevo sobre los grandes problemas, y no sobre lo que otros han dicho sobre los grandes problemas. A los clásicos hay que imitarlos más y citarlos menos. Debemos pensar como ellos, no dejar que ellos piensen por nosotros. En este sentido, Tocqueville es un ejemplo a seguir.

[19] José Antonio Aguilar Rivera, *Ausentes del Universo*, México, FCE/CIDE, 2012, p. 11.

TOCQUEVILLE Y EL LIBERALISMO DE LA DUDA

Jesús Silva-Herzog Márquez

Hay una sensibilidad liberal que trasciende la teoría. Una aspiración de convivencia que no pretende sellarse en doctrina y que, en el fondo, resiste la tentación de adoctrinar. Es hija de la vieja prudencia, por lo que sigue desconfiando del teorema que demuestra la Verdad. Es el liberalismo de la duda, tan renuente a enclaustrarse en la cercana teoría liberal como en cualquier dogma. Liberalismo blando quizá –pero no dócil.

Frente al liberalismo escéptico se planta, orgulloso, un liberalismo de fe que se viste con trajes de ciencia para trazarse una misión planetaria. Está convencido de que sus coordenadas han resuelto el misterio de la sociabilidad: un impenetrable paquete de derechos y un poder sometido a restricciones institucionales bastan para una prosperidad feliz. En el genio de Hobbes esta persuasión liberal encontró el modelo de su razón geométrica. Una cadena estricta de silogismos levantando el imponente edificio de la modernidad. El Estado se levanta del aire, con el único sustento de la razón consensual. Los individuos, idénticas máquinas que computan su interés. Los derechos que encumbra le dan la espalda a la historia y niegan la costumbre por medio de la fantasía de un estado de naturaleza o de un tapaojos. La teoría es una fuga a la abstracción y la política, sometimiento a ese escape. Nadie ha contribuido tanto a la formación del liberalismo de la fe como Hobbes, el absolutista de la imaginación prodigiosa. Habrá inventado un monolito totalitario, pero dio a la modernidad esa arrogancia técnica que el liberalismo hermético conserva. En concepto y método, ese liberalismo de fe le debe todo. Su confianza filosófica y la universalidad de su horizonte provienen directamente de ese diccionario preceptivo que es el *Leviatán*.

Por el contrario, el liberalismo de la duda aspira a la civilización de la tolerancia. No dibuja el edificio de una sociedad ideal: defiende derechos, busca paz, libertades, trato de iguales. No se distrae imaginando el pacto primordial de la legitimidad, la verdadera constitución, las columnas esenciales de la justicia, las leyes eternas del mercado. Por los meandros de la vacilación, abierto a la perplejidad, el liberalismo puede afirmarse, ante todo, como una disposición intelectual –lo contrario a la ideología–, esa certidumbre que permite a la gente dejar de pensar. Liberalismo, pues, como talante, una actitud, un estilo político; no un recetario. Su raíz es el odio a la crueldad;[1] su convicción básica es nuestra irremediable imperfección. El equipamiento esencial de este liberalismo es una doble sospecha: desconfianza del poder y de la idea. Rechazo simultáneo a la autocracia y a la ideología. Convicción de que el poder transformado en soberano es tan dañino como el pensamiento vuelto dogma.

Si el liberalismo de la fe es arquitectónico, podría decirse que el liberalismo de la duda es peatonal: uno busca la sede definitiva, el otro camino: vías de encuentro y espacios para el pleito. Transitorias soluciones para nuestro tránsito. Naturalmente, su expresión literaria no es el tratado sino el ensayo y Montaigne su guía. El liberalismo de la duda no se cierra, como lo hace el liberalismo de la fe, a la paradoja ni a la contradicción, se atreve a la conjetura y rechaza el cierre del pensamiento esférico. Ningún alarde teórico es capaz de vencer las prevenciones del escéptico. Puede admirar los monumentos de la lógica pero los advierte inhóspitos. Las advertencias de Sexto Empírico que Montaigne tatuó en las vigas de

[1] En Judith Shklar puede verse una de las formulaciones más claras de esta idea. "Liberalism of Fear", en *Political Thought and Political Thinkers*, University of Chicago Press, 1998.

su torre son alfileres que pinchan el hermetismo doctrinal. "Puede ser así y puede no ser así". "No comprendo". "El hombre es arcilla". En los ensayos de Montaigne puede encontrarse la ruta de esa actitud liberal, ese liberalismo inteligente, sensible y antidogmático. ¿De qué sirve la ciencia –pregunta Montaigne– si se carece de inteligencia? ¿Para qué sirve la doctrina (así sea la más elegante construcción liberal) si se prescinde del juicio? "Asnos cargados de libros" llama el primer ensayista a esos ignorantes que no saben nada si no lo leen en un libro y que no se percatarían de tener sarna en el culo si no consultan en un diccionario lo que es la sarna y el culo. Los asnos también cargan libros de Hayek y citan con fanática vehemencia a Ayn Rand.

Sin duda, el liberalismo se abre a los liberalismos –y no solamente a ellos. Así estará en condiciones de reconocer su hibridez, sus mutaciones, el feliz influjo de la contaminación. Más que un sustantivo excluyente, *liberal* es un adjetivo que incorpora la moderación del escepticismo a la política. Como lo ha dicho Michael Walzer,[2] el adjetivo (liberal) nombra nuestras dudas o nuestros miedos, mientras el sustantivo (demócrata o socialista, por ejemplo) describe nuestras esperanzas. En todo caso, al liberal le corresponde intuir lo peor y aprovisionarnos de prudente desconfianza.

No hay una sola ruta para combatir el poder absoluto. No hay una prescripción exclusiva para derrotar a la ideocracia. De muchas fuentes, algunas ostensiblemente contradictorias, se ha nutrido el impulso de frenar la arbitrariedad, dividir y contener al poder, discutir con libertad, creer y hablar sin imposiciones. ¿Por qué insistir en que una ruta es la auténticamente liberal y las otras adulteraciones, versiones apócrifas del legítimo canon? Porque se parte de la perspectiva del creyente es decir, de un ánimo de sacralización y censura.

La fe liberal deposita toda la confianza en su estatuto normativo. Su código supone al hombre como individuo razonante, egoísta y solitario, traza un modelo de interacción social basado en intercambios voluntarios, confía en los efectos virtuosos de la ingeniería institucional y supone una filosofía de la historia que adelanta

[2] En "Negative Politics", en Bernard Yack (ed.), *Liberalism Without Illusions. Essays on Liberal Theory and the Political Vision of Judith Shklar*, University of Chicago Press, 1996.

su victoria planetaria. Cuando Alexis de Tocqueville confesaba en sus cuadernos que odiaba a los sistemas absolutos que desterraban el azar de la historia y que subordinaban todos los eventos de la sociedad a unas cuantas proposiciones generales, no polemizaba con el materialismo histórico: discrepaba de una sociología impersonal y se distanciaba del catecismo liberal: esos sistemas son estrechos bajo la pretensión de generalidad y falsos bajo el aire de exactitud matemática.[3] Ahí, en las páginas de Tocqueville, páginas llenas de clarividencia y confusión; de observación atenta, intuición honda y divagaciones; reflexiones cargadas de anticipo y de memoria, de esperanza y de temor se expresa la sabiduría de la duda liberal. No fue un teórico del liberalismo: fue un liberal.

*

> Si tuviera que clasificar las miserias humanas [escribió Tocqueville en una anotación de su diario] las pondría en este orden:[4]
>
> Primero, la enfermedad.
> Segundo, la muerte.
> Tercero, la duda.

Ése es el sitio que la incertidumbre ocupa en su vida. Una desdicha apenas inferior al dolor físico y a la extinción. Al leer sus cartas, Sheldon Wolin apunta que la duda es una especie de infierno nutricio para Tocqueville.[5] Un tormento del que surge lucidez. Wolin identifica tres círculos de tortura. El primero es íntimo: perder la fe es ser flagelado por la confusión, el desconsuelo. Tocqueville se marea contemplando el abismo bajo sus pies y no encuentra barandal. El segundo látigo de la duda es el precipicio social. En ausencia de dogmas comunes, sin un piso de certezas elementales, no hay lazo social que perdure, no hay institución que se afir-

[3] Sobre el repudio de Tocqueville a todo esquema, pueden verse, principalmente sus *Recuerdos de la revolución de 1848*, Madrid, Trotta, 1994.

[4] Alexis de Tocqueville, *Journey to America*, Yale University Press, 1962, p. 155.

[5] Sheldon Wolin, *Tocqueville Between Two Worlds. The Making of a Political and Theoretical Life*, Princeton University Press, 2001. Fundamentalmente, los capítulos IV y V.

me. Si la duda se extiende y triunfa, ¿la sociedad se desintegra? Finalmente, la duda radical aniquila la esperanza de conocimiento. La ciencia del hombre está condenada a ser irremediablemente confusa, imprecisa, incoherente.

Gracias a la biografía de André Jardin puede fecharse el instante de la caída. En una carta a Anne-Sophie Swetchine Tocqueville escribió:

> Yo no sé si alguna vez le he contado un incidente de mi juventud que dejó en mi vida una profunda huella; como estaba encerrado en una especie de soledad durante los años inmediatos a mi infancia, entregado a una curiosidad insaciable que sólo se mitigaba con los libros de una gran biblioteca, acumulé confusamente en el espíritu toda clase de nociones e ideas que comúnmente corresponden a otra edad. Mi vida había transcurrido hasta entonces en un interior lleno de fe que no había dejado penetrar la menor duda en mi alma. Entonces penetró la duda, o más bien se precipitó con una violencia inusitada, no solamente la duda sobre esto o aquello, sino la duda universal. Experimenté de golpe la sensación de que hablan los que han asistido a un temblor, cuando el suelo se mueve bajo sus pies, los muros alrededor de ellos, los techos sobre sus cabezas, los muebles en sus manos, la naturaleza entera ante sus ojos. Fui presa de la melancolía más negra, y después de un extremo disgusto por la vida sin conocerla, y me sentí abrumado por los problemas y el terror frente al camino que debía yo recorrer en el mundo. Pasiones violentas me sacaron de ese estado de desesperación; me desviaron de la visión de esas ruinas intelectuales para llevarme hacia los objetos reales; pero de vez en cuando esas impresiones de mi primera juventud (tenía yo entonces 16 años) vuelven a apoderarse de mí; entonces vuelvo a ver el mundo intelectual que gira y continúo perdido y confuso en ese movimiento universal que invierte y quebranta todas las verdades sobre las cuales he erigido mis creencias y acciones. [6]

La epifanía de la duda. La duda que invade violentamente la conciencia, que se inserta en el centro del alma y desde ahí se convierte en el filtro de lo visible, en lente de lo pensable. La duda *universal* lo sacude todo: el piso se abre, las paredes giran, los muebles se tambalean. Revelación de la incertidumbre reinante que nunca más desaparecería de su vida. La vajilla de la verdad, ese precioso patrimonio de las generaciones, rota para siempre. Es im-

---

[6] La carta es del 26 de febrero de 1857 y se encuentra en André Jardin, *Alexis de Tocqueville, 1805-1859*, México, FCE, 1988, p. 55.

posible dejar de comparar esta íntima confesión tocquevilliana con la conversión filosófica de Rousseau. En una carta curiosamente dirigida al bisabuelo de Tocqueville, Rousseau evocó el rayo de certeza que lo alumbró como filósofo: "inspiración súbita", la llama. No es la duda lo que lo fulmina sino "mil luces", "enjambres de ideas vivas". La verdad lo iluminó. La conmoción que describe en la carta Malesherbes es semejante en intensidad a la que describe Tocqueville pero la fuente es exactamente la opuesta.[7] Como Tocqueville, el idólatra de la naturaleza siente un aturdimiento de borrachera que saca a todas las cosas de su sitio y las pone a girar frenéticamente. A diferencia de la duda que taladra a Tocqueville, es la Verdad la que asalta a Rousseau.

Dolorosa como haya sido aquella maldición, Tocqueville se entregó a su observancia. El escepticismo no es deserción del conocimiento, es un modo de conocer. Un conocer que no aspira a la exactitud, un conocer que advierte sus propias limitaciones. Tocqueville quiso comprender el intrincado mecanismo social, reconociendo que implicaba una renuncia a la precisión geométrica. Si es cierto que puede verse en él, como sostiene Jon Elster,[8] a un auténtico científico de la sociedad empeñado en comprender la densidad de la malla histórica, es cierto también que en este 'hombre de letras' no cupo el espíritu geométrico, alimentado de

---

[7] Carta a Malesherbes de 12 de enero de 1762, recogida en Jean Jacques Rousseau, *Escritos polémicos*, Madrid, Tecnos, 1994. Ahì escribe:

"Si alguna vez ha habido algo semejante a una inspiración súbita, fue la conmoción que esta lectura provocó en mí: súbitamente sentí mi espíritu deslumbrado por mil luces, enjambres de ideas vivas se presentaron al mismo tiempo con una fuerza y una confusión que me sumieron en una turbación inexpresable; siento mi cabeza presa de un aturdimiento semejante a la embriaguez. Una violenta palpitación me oprime, me agita el pecho; al no poder respirar andando, me dejo caer bajo uno de los árboles de la avenida, y permanezco media hora sumido en una agitación tal que al levantarme noté toda la parte delantera de mi chaqueta mojada por las lágrimas, sin haber notado que lloraba. Si hubiese podido escribir la cuarta parte de lo que vi y sentí bajo aquél árbol, con qué claridad habría mostrado todas las contradicciones del orden social [...] Todo lo que pude recordar de aquellas grandes verdades que, durante un cuarto de hora, me iluminaron bajo aquel árbol, fue débilmente esparcido en mis tres escritos principales, a saber, el primer discurso, el de la desigualdad y el tratado sobre la educación obras que son inseparables y forman un todo [...] He aquí cómo, cuando menos lo esperaba me convertí en autor casi a pesar mío".

[8] Jon Elster, *Alexis de Tocqueville, The First Social Scientist*, Cambridge University Press, 2009.

conceptos precisos y comprobaciones rigurosas. El suyo era, en palabras de su admirado Blas Pascal, un espíritu de sutileza. Sabía ver. Para esta forma de la comprensión basta la "buena vista",[9] dice el teólogo. La vista de Tocqueville fue única porque veía con los ojos y con la intuición, con la memoria y con la imaginación. Observaba inteligentemente: percibiendo esa red que conecta el poder con la literatura, los sueños con las instituciones, los hábitos sociales con el destino de la civilización. El liberal no canceló ninguna ruta para comprender: usó las herramientas del sociólogo sin dejar de hacerse las preguntas de un filósofo; examinó archivos con el detenimiento de un historiador y se aventuró en profecías de novelista. Nunca lo tentó el juicio rotundo y simplificador; la idea hermética. La sutileza del ensayista resistió la trampa de lo binario. El escepticismo de Tocqueville se mece en la vacilación: lucidez del titubeo, perspicacia de la ambigüedad. Cada afirmación bordeada sabiamente con un pero. Cuando Tocqueville pide, en las primeras páginas de *La democracia en América* una ciencia política nueva para un mundo enteramente nuevo, ¿qué busca? Una forma de comprensión capaz de palpar el vaivén social, una inteligencia sensible a lo indefinible, una razón abierta a la razón contraria, un atrevimiento que arriesga la conjetura. Una ciencia política, pues, que no sea ciencia: que sea un arte.

*

La obra clásica de Tocqueville no es un libro sobre Estados Unidos, aunque muchos hayan dicho que se trata del mejor ensayo que se haya escrito jamás sobre ese país.[10] No es un libro sobre la democracia *de* Estados Unidos, sino un libro sobre la democracia *en*

[9] Blas Pascal, "Del espíritu geométrico y del arte de persuadir", *Pensamientos y otros escritos*, México, Porrúa, 1996.

[10] Harvey Mansfield apunta en la traducción a *La democracia* que el libro es, simultáneamente lo mejor que se ha escrito sobre la democracia y lo mejor que se haya escrito sobre Estados Unidos (Alexis de Tocqueville, *Democracy in America*, Harvey Mansfield y Delba Winthrop (eds.), University of Chicago Press, 2000. Garry Wills discrepa. A su juicio Tocqueville no entendió a Estados Unidos. "Did Tocqueville Get America", *New York Review of Books*, 29 de abril de 2004).

Estados Unidos. Lo que a Tocqueville importa es, sobre todo, la democracia, ese cuerpo del futuro ineludible, futuro a un tiempo fascinante y temible. Estados Unidos es la insinuación de lo que viene, un emisario del futuro.

El arte en la teoría política de Tocqueville se alimenta de la identificación profunda del autor con su objeto: el paisaje democrático como el autorretrato de un hombre. El filósofo de la política se encuentra en los dilemas del régimen que explora. En el segundo volumen de *La democracia*, a propósito de la poesía en las naciones democráticas, Tocqueville escribe:

> No tengo necesidad de examinar el cielo ni la tierra para descubrir un objeto maravilloso lleno de contrastes, de grandezas y de pequeñeces infinitas, de oscuridades profundas y de singulares resplandores, capaz a la vez de hacer nacer la piedad, la admiración, el desprecio y el terror.[11]

Ese objeto asombroso es el hombre que le muestra el espejo: un ser que se pierde entre dos abismos: él mismo. Tocqueville se ve en la democracia, se siente en sus tribulaciones, en su indecisión. El rostro de Tocqueville parece el rostro de la democracia: maravilloso e insignificante; admirable y trivial. Régimen indeciso, contradictorio, intranquilo, quizá triste.[12] Como él…

La democracia para Tocqueville es la criatura que nos envuelve, el ser que nos esculpe. Si es un régimen político es mucho más que eso: una condición social pero, sobre todo, el vientre del hombre moderno. La democracia que palpó en el nuevo continente y que anticipó para el viejo, tiene una personalidad, un carácter, padece afecciones peculiares, la agitan pasiones propias, activa una energía única. ¿Qué es? El problema de nuestro tiempo.

Es inútil buscar en las páginas de esos dos libros unidos bajo el mismo título una definición de la democracia, pero sí una convicción: es la antipoesía inevitable. En 1848, al redactar un nuevo prefacio a *La democracia*, Tocqueville escribió:

---

[11] *La democracia en América*, FCE, 1984 pp. 446 y 447.

[12] Sobre estos rostros en la escritura de Tocqueville, vale leer el ensayo de Claude Lefort "Tocqueville: Democracy and the Art of Writing", en *Writing. The Political Test*, Duke University Press, 2000, de donde he tomado la idea central.

Este libro fue escrito hace quince años, bajo una preocupación constante y un solo pensamiento: el advenimiento irresistible y universal de la democracia en el mundo. Quien lo lea encontrará en él, en cada página, una advertencia solemne que recuerde a los hombres que la sociedad cambia de formas, la humanidad de condición y que se acercan grandes destinos.

Un ensayo que no brota de la ilusión ni del desamparo sino de la intranquilidad. Una prevención, una advertencia. La democracia será pero puede ser salvaje o civilizada; opresiva o liberal, humana o desalmada. Ese el margen que la providencia le abre a nuestro tiempo: domar la pasión democrática, canalizar su energía para conciliarla con la libertad. El liberal de nuevo tipo que fue Tocqueville reivindica también una idea compleja de libertad. Registra, por supuesto, la importancia civilizatoria de las cercas que resguardan al individuo. Barreras que son el resguardo de la libertad moderna, el refugio frente a un Estado que siempre amenaza. Pero Tocqueville no se queda en el expediente de la libertad justiciable. La disyuntiva de Benjamín Constant le resultaría absurda y el sacrificio del nosotros un costo inmenso del yo moderno. Era valioso que el hombre pudiera disfrutar de su independencia privada y gozar tranquilamente de su privacía, sin intrusiones de gendarmes o inspectores. Pero, ¿bastaría la fe en los dioses constitucionales para afirmar la libertad auténtica? No: la libertad reclama algo más que domadura jurídica del poder. La libertad para Tocqueville es exigente. Más que ausencia de impedimentos externos, es fulgor de dentro, chispa auténtica, el hallazgo de uno mismo. Una democracia puede tolerar todas las opiniones y proteger la blasfemia, pero puede, al mismo tiempo, ablandar el espíritu humano, al punto de segar el impulso de independencia vital, el resorte de rebeldía. El conformismo, la clonación de la mediocridad es la extinción de la libertad que le importa. Las formas exteriores de la libertad pueden ser compatibles y quizá hasta conducente a la esclavitud de espíritu.

El peligro de la democracia no es el hobbesiano. Tocqueville entendió que el verdadero peligro es otro: que el hombre sea borrego del hombre. No necesitamos una política que no sólo nos entregue la paz, requerimos política, sociedad, cultura para seguir siendo hombres.

Roberto Breña

Doctor en Ciencia Política por la Universidad Complutense de Madrid, es profesor-investigador del Centro de Estudios Internacionales de El Colegio de México, en donde imparte los cursos Historia de las ideas I e Historia de las ideas II. Ha impartido cursos de ciencia política, historia e historia de las ideas en varias universidades mexicanas, así como en España, Francia, Estados Unidos y Canadá.

Ha editado dos libros sobre el liberalismo hispánico y las independencias hispanoamericanas, el último de ellos en 2014. Además, es autor de más de una treintena de capítulos de libros y artículos de historia política e historia intelectual, sobre todo del mundo hispánico durante la llamada "Era de las revoluciones", los cuales han sido publicados en varios países.

Es autor de:

"Algunas cuestiones historiográficas relevantes para el estudio de las revoluciones hispánicas y el proceso emancipador novohispano", en Andrés Lira (ed.), *México 1808-1821*, México, El Colegio de México (en prensa).

"The Emancipation Process in New Spain and the Cádiz Constitution", en Natalia Sobrevilla y Scott Eastman (eds.), *The Cádiz Constitution of 1812 and Its Impact in the Atlantic World*, Tuscaloosa, The University of Alabama Press (en prensa).

El imperio de las circunstancias (Las independencias hispanoamericanas y la revolución liberal española), Madrid / México, Marcial Pons / EL Colegio de México, 2013.

"Liberalism in the Spanish American World, 1808-1825", en Miguel Ángel Centeno y Agustín Ferraro (eds.), *State and Nation Making in Latin America and Spain*, Cambridge, Cambridge University Press, 2013.

"La Constitución de Cádiz y la Nueva España: cumplimientos e incumplimientos", *Historia Constitucional*, núm. 13, 2012.

"Límites del constitucionalismo y del liberalismo hispánicos (Una visión crítica desde/sobre la historiografía actual)", en Rafael Rojas, Pablo Mijangos y Adriana Luna (eds.), *De Cádiz al siglo XXI*, México, CIDE / Taurus, 2012.

"El primer liberalismo español y su proyección hispanoamericana", en Iván Jaksic y Eduardo Posada Carbó (eds.), *Liberalismo y poder (Latinoamérica en el siglo XIX)*, Santiago de Chile, FCE, 2011.

"Revolución hispánica *vs.* revoluciones atlánticas", en Alberto Ramos Santana y Alberto Romero Ferrer (eds.), *Liberty; Liberté, Libertad: el mundo hispánico en la era de las revoluciones*, Cádiz, Universidad de Cádiz, 2010.

"El liberalismo (hispánico) como categoría de análisis histórico; algunas tensiones con la historia de los conceptos y con la historia de los lenguajes políticos", en Elías José Palti (coord.), *Mito y realidad de la cultura política latinoamericana (Debates de IberoIdeas)*, Buenos Aires, Prometeo Libros, 2010.

(ed.), *En el umbral de las revoluciones hispánicas: el bienio 1808-1810*, México / Madrid, El Colegio de México / Centro de Estudios Políticos y Constitucionales, 2010.

Claudio López-Guerra

Doctor en Ciencias Políticas por la Universidad de Columbia, en Nueva York. Actualmente es profesor adjunto del Departamento de Ciencias Políticas en el Centro de Investigación y Docencia Económicas (CIDE) e investigador invitado en el Centro Universitario para los Valores Humanos (University Center for Human Values) de la Universidad de Princeton, en Nueva Jersey.

Sus investigaciones se centran, principalmente, en el análisis filosófico de los problemas sociales. Está particularmente interesado en el diseño de instituciones democráticas, la justificación de los derechos políticos y la evaluación de las políticas públicas.

Ha publicado:

Democracy and Disenfranchisement: The Morality of Electoral Exclusions (Oxford University Press, 2014).

Rationality, Democracy and Justice: The Legacy of Jon Elster, coeditado con Julia Maskivker (Cambridge University Press, 2015).

Ha publicado un gran número de artículos que han aparecido en periódicos y revistas como *The Journal of Political Philosophy*, *Politics, Philosophy & Economics* y *Social Theory and Practice.*

Jesús Silva-Herzog Márquez

Licenciado en derecho por la Universidad Nacional Autónoma de México y maestro en Ciencia Política por la Universidad de Columbia, en Nueva York. Actualmente es profesor de tiempo completo de la Escuela de Gobierno y Transformación Pública del Tecnológico de Monterrey. Ha impartido conferencias y cursos en diversas instituciones de México y del extranjero.

Ha sido investigador invitado de la Universidad de Georgetown, del Woodrow Wilson Center for International Scholars (Washington, D. C.) y de la New School for Social Research (Nueva York). Es miembro de número de la Academia Mexicana de la Lengua desde septiembre 2013 y colaborador regular del periódico *Reforma*, de la Ciudad de México, y otros diarios del interior de la República.

Ha publicado:

Esferas de la democracia (IFE, 1996).

El antiguo régimen y la transición en México (Planeta / Joaquín Mortiz, 1999).

Andar y ver (UNAM / DGE Equilibrista, 2005).

La idiotez de lo perfecto (Fondo de Cultura Económica, 2006).

Andar y ver. Segundo cuaderno (UNAM / DGE Equilibrista, 2012).

Lectura contemporánea de los clásicos

¿Por qué leer a Alamán hoy?
Andrés Lira, Catherine Andrews, Josefina Z. Vázquez

¿Por qué leer a Bentham hoy?
José Juan Moreso, Germán Sucar

¿Por qué leer a Ferguson hoy?
Isabel Wences, José Hernández Prado, Julio Beltrán

¿Por qué leer a Mill hoy?
Mark Platts, Miguel Carbonell, Juan Carlos Geneyro

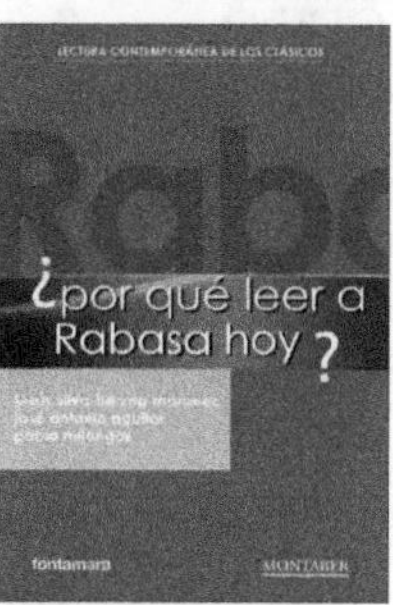

¿Por qué leer a Rabasa hoy?
Jesús Silva-Herzog Márquez, José Antonio Aguilar, Pablo Mijangos

¿Por qué leer a Rousseau hoy?
Antonella Attili, Luis Salazar Carrión, Julieta Marcone

¿Por qué leer a Smith hoy?
Alfonso Ruiz Miguel, Isaac Katz, Pablo Larrañaga

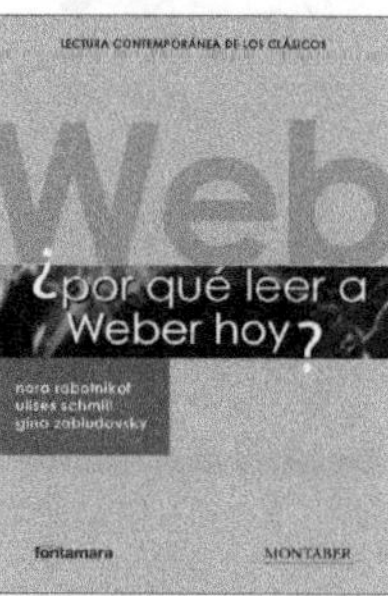

¿Por qué leer a Weber hoy?
Nora Rabotnikof, Ulises Schmill, Gina Zabludovsky

¿Por qué leer El Federalista hoy?
Juan F. González Bertomeu, Gabriel L. Negretto, Andrea Pozas-Loyo

Otros títulos publicados

Amor platónico
Hans Kelsen

Análisis de un examen estandarizado
José Manuel Casillas Domínguez

Derechos humanos. Un camino hacia la pacificación
Julio Cabrera Dircio

Experiencias adversas de la seguridad del paciente
Rosa Ortiz Rivera

Nuestros niños sicarios
Elena Azaola Garrido

En guerra por la vida. Crisis climática y transformación social
Josep Cabayol

La práctica de la terapia como construcción social
Sheila McNamee, Emerson F. Rasera, Pedro Martins

El imperativo relacional Recursos para un mundo al límite
Kenneth J. Gergen

Ideología y opiniones Estudios de psicología retórica
Michael Billig

www.ingramcontent.com/pod-product-compliance
Lightning Source LLC
LaVergne TN
LVHW052030170826
845678LV00018B/2504

* 9 7 8 8 4 1 0 2 3 8 6 2 6 *